COMPLETE-PASS

SMAT

초단기 합격

모듈 C

서비스 운영 전략

PREFACE

머리말

서비스 경영자격인 SMAT는 국내 최초의 통합형 경영능력을 평가하는 국가공인 자격시험으로 모듈 A, B, C의 과목별 합격 여부에 따라 1급~3급까지 구분된다. 시험 평가는 비즈니스 매너에 대한 이해와 고객 심리에 대한 이해능력을 기본 바탕으로 서비스 현장에서의 상담 지식, 서비스 마케팅 및 서비스 운영에 대한 지식과 역량을 검증하고자 한다. 시험 출제유형은 일반형, O/X형, 연결형, 사례형, 통합형이며, 합격은 각 모듈(과목)별로 100점 만점 중 70점 이상 득점해야 한다.

본 교재는 출제기관에서 공식으로 제공한 문제를 기반으로 출제자의 언어와 출제자의 관점을 반영하여 이론을 구성하였다. 평가 영역에 맞춰 이론을 학습한 후에는 단원별 문제를 풀어봄으로써 실전 적응력을 배양할 수 있도록 편성하였다. 또한, 동형 기출 모의고사를 수록하여 실제 시험문제와 동일한 형태의 문제를 통해 학습의 마무리를 도모하였다. 전 범위 기출 핵심 키워드는 시험장에서 활용할 수 있도록 출제 가능성이 높은 핵심 키워드를 선별하여 수록하였다.

각 장의 소주제마다 목차를 한눈에 파악할 수 있으며 중요도가 높은 주제를 '핵심 키워드'로 제시하여 예습단계에서는 물론, 복습단계에서도 핵심 내용을 알 수 있도록 편성하였다. 학습을 처음 시작할 때는 난해한 내용과 전문적 용어들로 느껴지던 것들이 반복된 학습과 문제를 풀어봄으로써 익숙해질 수 있을 것이다. 이를 위해서는 특정 영역에 치우친 학습을 지양해야 하며 단원 전반적으로 균형 있는 학습이 필수적이다. 아울러, 모듈 A에서 C로 갈수록 전문적인 학습 영역이 많아지며 문제를 푸는 데 있어서의 난이도 또한 증가한다는 것을 염두에 두고 반복 학습량을 늘려야 한다.

수험과정에서 학습하게 되는 비즈니스 매너와 에티켓, 이미지 메이킹, 고객 커뮤니케이션 등은 대부분의 기업에서 필요로 하는 기초 소양능력이며, 사회생활에 유용한 정보들이다. SMAT 시험준비 과정에서 서비스 경영에 대한 지식을 배양하고, 나아가 기업에서 필요로 하는 서비스 역량을 갖추게 됨을 알 수 있을 것이다. 시험에 합격하고 다양한 경영 상식과 서비스 마인드를 배양하는데 본 교재가 도움이 될 것이라 기대한다.

학점 인정

등급	학점
1급(컨설턴트)	10학점
2급(관리자)	6학점

SMAT 1급 : 전문학사(경영, 관광경영), 학사(경영학, 관광경영학, 호텔경영학)일 경우, 전공필수 학점으로 인정

SMAT 2급 : 전문학사(경영, 관경경영)일 경우, 전공필수 학점으로 인정
위에 제시된 전공이 아닐 경우, 일반선택 학점으로 인정

SMAT 국가공인 승격일(2015. 1. 1.) 이후 자격 취득자에 한해 학점인정 적용

[참고] SMAT(서비스경영자격)의 국가공인 유효기간은 [2015. 1. 1.~2024. 12. 31.]이며, 이후 자격기본법상 규정된 재공인 심사를 거쳐 국가공인 유효기간이 수년 주기로 연장됨.

※ 학점은행제 인정에 대한 상세내용은 학점은행(www.cb.or.kr)의 '알림마당'의 '공지사항'란을 참고

응시 자격

제한 없음.

응시료

구분	1개 Module	2개 Module	3개 Module
응시료	20,000원	36,000원	50,000원

- 부가가치세 포함 및 결제대행수수료 1,000원 별도
- 회차당 2개 이상 모듈 동시에 응시 가능하며, 부분 과목 취소 불가

합격자 발표 및 자격증 발급

가. 합격자 발표

- https://license.kpc.or.kr에서 로그인 후 개별 또는 단체로 확인 가능
- 응시 익일부터 15일 후 홈페이지 공고
- 발표 시 과목별 취득 점수 및 문항별 정오표 제공

나. 자격증 발급

- 발급기관 : 한국생산성본부
- 신청방법 : https://license.kpc.or.kr에서 신청 가능(자격증 발급비용 별도)
- 자격증 배송 : 신청 후 수령까지 약 3주 소요

(신청 후 'My 자격 〉 성적/자격증관리'에서 확인 가능)

자격검정기준

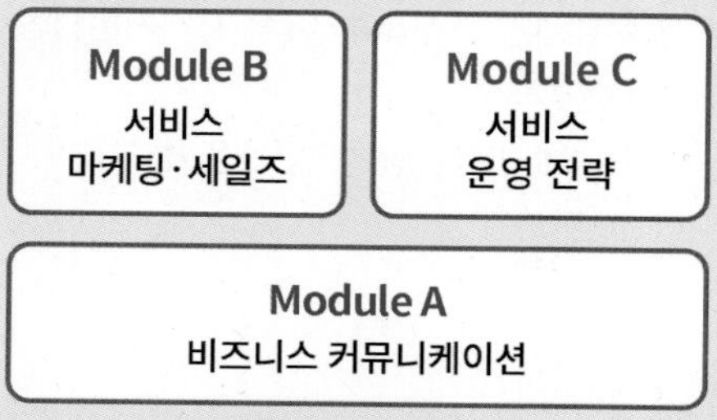

1급(컨설턴트):
A+B+C 3개 Module 모두 취득(프로페셔널, 전문가)

2급(관리자):
A+B or A+C 2개 Module 모두 취득(직무별 특성화 인재)

3급(실무자):
A(기본) 1개 Module 취득(서비스산업 신입사원)

※ SMAT(서비스경영자격)는 개별 모듈별로 응시할 수 있으며, 합격한 모듈에 따라 자격등급을 부여함.

모듈별 과목 및 출제범위

[모듈 A]

과목	출제범위
비즈니스 매너/에티켓	매너와 에티켓의 이해, 비즈니스 응대, 전화 응대 매너, 글로벌 매너 등
이미지 메이킹	이미지의 개념, 이미지 메이킹 주요 이론, 상황별 이미지 메이킹, 인상/표정 및 상황별 제스처, Voice 이미지 등
고객 심리의 이해	고객에 대한 이해, 고객 분류 및 계층론, 고객 심리의 이해, 고객의 성격 유형에 대한 이해, 고객의 구매의사 결정 과정 등
고객 커뮤니케이션	커뮤니케이션의 이해, 효과적인 커뮤니케이션 기법/스킬, 감성 커뮤니케이션, 설득과 협상 등
회의 기획/의전 실무	회의 운영 기획/실무, 의전 운영 기획/실무, 프레젠테이션, MICE의 이해 등

[모듈 B]

과목	출제범위
서비스 세일즈 및 고객상담	서비스 세일즈의 이해, 서비스 세일즈 전략 분석, 고객상담 전략, 고객 유형별 상담기법, MOT 분석 및 관리 등
고객관계관리(CRM)	고객관계 이해, 고객 획득–유지–충성–이탈–회복 프로세스, CRM 시스템, 고객 접점 및 고객경험 관리, 고객 포트폴리오 관리 등
VOC 분석/관리 및 컴플레인 처리	VOC 관리시스템 이해, VOC 분석/관리법 습득, 컴플레인 개념 이해, 컴플레인 대응원칙 숙지, 컴플레인 해결방법 익히기 등
서비스 유통 관리	서비스 구매과정의 물리적 환경, 서비스 유통채널 유형, 서비스 유통시간/장소 관리, 전자적 유통경로 관리, 서비스 채널 관리전략 등
코칭/교육 훈련 및 멘토링/동기부여	성인학습의 이해, 교육훈련의 종류 및 방법, 서비스 코칭의 이해/실행, 정서적 노동의 이해 및 동기부여, 서비스 멘토링 실행 등

[모듈 C]

과목	출제범위
서비스 산업 개론	유형별 서비스의 이해, 서비스업의 특성 이해, 서비스 경제 시대 이해, 서비스 패러독스, 서비스 비즈니스 모델 이해 등
서비스 프로세스 설계 및 품질관리	서비스 품질 측정모형 이해, 서비스 GAP 진단, 서비스 R&D 분석, 서비스 프로세스 모델링, 서비스 프로세스 개선 방안 수립 등
서비스 공급 및 수요 관리	서비스 수요예측 기법 이해, 대기행렬 모형, 서비스 가격/수율 관리, 서비스 고객 기대 관리, 서비스 공급능력 계획 수립 등
서비스 인적자원관리(HRM)	인적자원관리의 이해, 서비스 인력 선발, 직무분석/평가 및 보상, 노사관계관리, 서비스인력 노동생산성 제고 등
고객만족경영(CSM) 전략	경영 전략 주요 이론, 서비스 지향 조직 이해, 고객만족의 평가지표 분석, 고객 만족도 향상 전략 수립 등

PATTERN

시험유형

- PBT방식으로 진행
- 70분 간 총 50문항(각 문항당 2점)
  - 모듈 A – 09:00~10:10
  - 모듈 B – 10:30~11:40
  - 모듈 C – 12:00~13:10
- 100점 만점 총 70점 이상 합격
- 5개 유형으로 복합출제(일반형, O/X형, 연결형, 사례형, 통합형)

PART 1 일반형

24문항

01 서비스 기업이 더욱 중요하게 관리해야 하는 내부 고객에 대해 가장 적절하게 설명한 것은?

① 외부 고객에 이어 2번째로 고려해야 할 고객이다.
② 기업의 상품과 서비스를 직접 구매하거나 이용한다.
③ 상품과 서비스를 제공받는 대가로 가격을 지불한다.
④ 외부 고객을 만족시켜야 내부 고객을 만족시킬 수 있다.
⑤ 외부 고객이 원하는 것을 제공하는 중요한 일을 담당한다.

해설 ① 외부 고객에게 직접 서비스를 제공하는 주체인 내부 고객(직원)이 가장 먼저 고려해야 할 고객이다.
② 외부 고객이 상품과 서비스를 직접 구매하고 이용한다.
③ 내부 고객(회사 직원)은 서비스를 제공하는 대가로 임금을 지급받는다.
④ 내부 고객을 우선 만족시켜야 외부 고객을 만족시킬 수 있다.

PART 2 O/X형

5문항

08 서비스 종사자는 고객이 가진 우월심리를 잘 이해해야 한다. 고객은 늘 자신이 서비스직원보다 우월하다는 심리를 가지고 있으므로 직업의식을 가지고 고객의 자존심을 인정하고 자신을 낮추는 겸손한 자세가 필요하다.

(① ○ ② ×)

PART 3 연결형

5문항

※ 다음 설명이 의미하는 적합한 단어를 선택하시오.

① 노쇼	② 체리 피커	③ 잠재 고객
④ 고객불만	⑤ 인지 부조화	

09 명품 숍에서 고가의 가방을 구입한 후 당일 약속에 들고 외출했다가 다음날 마음에 들지 않는다며 환불을 요청하는 고객

( )

PART 4 사례형

10문항

10 다음은 백화점 매장에서 판매사원이 고객들과 대화할 때 많이 사용하는 내용이다. 다음의 예시에 '매슬로우의 욕구 5단계' 중 나타나 있지 않은 욕구 단계는 무엇인가?

> "고객님, 정말 좋은 상품 구매하셨습니다."
> "인상이 너무 좋으셔서 어디서나 환영 받으시겠어요."
> "상품을 고르는 안목이 정말 뛰어나십니다."
> "고객님 같은 과감한 결단력, 정말 존경스럽습니다."
> "입어 보시고 마음에 들지 않으면 언제든지 교환, 환불이 가능합니다."
> "젊은 나이에 이렇게 성공하셔서 참 좋으시겠어요."
> "최신 트렌드를 잘 이해하고 계신데, 무슨 비결이라도 있으신가요?"
> "고객님만큼 이 상품과 어울리는 분도 아마 없을걸요."
> "이 상품은 고객님의 사회적 지위나 성공을 표현하고 있습니다."

① 안전의 욕구
② 존경의 욕구
③ 생리적 욕구
④ 사회적 욕구
⑤ 자아실현의 욕구

✦ 해 설 매슬로우의 욕구 5단계 중에서 1단계에 해당하는 생리적 욕구에 해당하는 말은 백화점 매장 같은 곳에서는 자칫 고객의 기분을 상하게 할 수 있으므로 잘 사용하지 않는다.

PART 5 통합형

6문항

[13-14] 다음은 ○○여행사에서 하루 동안 상담한 고객들의 상담 내역이다.

> A 고객 : 오전 10시 상담. 가족여행 계획. 총 4인. 정확한 날짜, 지역은 아직 정하지 못함. 재상담 예정. 전화번호와 이메일 확보
> B 고객 : 오전 11시. ○○카드사 이벤트에 응모한 고객 명단 중 이벤트 상품 홍보 문자 발송
> C 고객 : 오후 1시. 부모님 생신 선물로 여행 상품 상담. 20대 미혼 여성. 견적서 문의, 메일 발송
> D 고객 : 오후 2시. 다음 주 여행 출발 계약자 상담. 주요 문의사항 상담 후 현지 옵션 상품 예약 진행
> E 고객 : 오후 3시. 지난 주 판매한 여행 상품을 통해 기업 단체 연수를 다녀온 ○○기업 담당자 통화. 불편사항 및 추가 조치사항 확인. 분실물 보험처리 진행
> F 고객 : 오후 4시. 2주 전 상담 고객 견적 발송 후 3차 상담 전화. 조정된 견적 내용 설명 및 예약 가능 여부 타진. 이번 주 중에 최종 결정
> G 고객 : 오후 5시. 웨딩 플래너 박실장과 신혼여행 상품 홍보를 위한 전화통화. 최신 호응도 높은 상품 설명 및 안부. 박실장이 올해 가을 예비 부부 약 10쌍 진행 중이라고 함.

13 위의 상담 내역을 통해 ○○여행사의 고객을 분류해 보았다. 다음 중 각각의 고객 분류 설명이 적절하지 않은 것은?

① A 고객	가망 고객	여행 계획이 잡혀 문의해옴. 구매 가능성이 있는 상태
② B 고객	잠재 고객	아직 여행 상품 구매의사를 확인할 수 없지만 이벤트에 응모하여 정보를 알고 있는 잠재적 고객군
③ C 고객	구매자	여행 상품을 직접 이용하는 것은 아니지만 구매를 결정하는 고객
④ D 고객	의사결정 고객	상품을 구입하는 데 있어 영향을 미치는 사람. 전체 여행 상품을 사용하는 소비자를 통해 기업 구매의 결정에 영향을 미침
⑤ E 고객	충성 고객	상품의 평판, 심사 등에 참여하여 의사결정에 영향을 미치는 사람

✦ 해 설 E 고객은 가망 고객이며 상품의 평판, 심사 등에 참여하여 의사결정에 영향을 미치는 사람은 의견 선도 고객이다. 충성 고객은 상품을 반복적으로 구매하여 기업과 강한 유대를 형성하는 고객이다.

CONTENTS

차례

제4장 서비스 인적자원관리(HRM)

제5장 고객만족경영(CSM) 전략

부록

PLANNER

학습계획표

초단기 합격을 위한 7회독 학습플랜 <1>

(회독 완료시 해당 난에 체크 'V')

구분		회독수						
		1	2	3	4	5	6	7
제1장 서비스 산업 개론	1. 유형별 서비스의 이해							
	2. 서비스업의 특성 이해							
	3. 서비스 경제 시대 이해							
	4. 서비스 패러독스							
	5. 서비스 비즈니스 모델 이해							
제2장 서비스 프로세스 설계 및 품질관리	1. 서비스 품질의 측정							
	2. 서비스 GAP 진단							
	3. 서비스 R&D 분석							
	4. 서비스 프로세스 모델링							
	5. 서비스 프로세스 개선 방안 수립							
제3장 서비스 공급 및 수요 관리	1. 서비스 수요예측 기법 이해							
	2. 대기행렬 모형							
	3. 서비스 가격/수율 관리							
	4. 서비스 고객 기대 관리							
	5. 서비스 공급능력 수립							
제4장 서비스 인적자원관리 (HRM)	1. 인적자원관리의 이해							
	2. 서비스 인력 개발							
	3. 직무분석/평가 및 보상							
	4. 노사관계관리							
	5. 서비스인력 노동생산성 제고							
제5장 고객만족경영 (CSM) 전략	1. 경영전략 주요 이론							
	2. 경영전략의 개발							
	3. 서비스 지향 조직(고객만족 경영) 이해							
	4. 고객만족도 향상 전략							

초단기 합격을 위한 7회독 학습플랜 <2>

(1회독, 3회독, 7회독 완료일 적기)

구분		회독수			
		1	3	5	7
제1장 서비스 산업 개론	1. 유형별 서비스의 이해				
	2. 서비스업의 특성 이해				
	3. 서비스 경제 시대 이해				
	4. 서비스 패러독스				
	5. 서비스 비즈니스 모델 이해				
제2장 서비스 프로세스 설계 및 품질관리	1. 서비스 품질의 측정				
	2. 서비스 GAP 진단				
	3. 서비스 R&D 분석				
	4. 서비스 프로세스 모델링				
	5. 서비스 프로세스 개선 방안 수립				
제3장 서비스 공급 및 수요 관리	1. 서비스 수요예측 기법 이해				
	2. 대기행렬 모형				
	3. 서비스 가격/수율 관리				
	4. 서비스 고객 기대 관리				
	5. 서비스 공급능력 수립				
제4장 서비스 인적자원관리 (HRM)	1. 인적자원관리의 이해				
	2. 서비스 인력 개발				
	3. 직무분석/평가 및 보상				
	4. 노사관계관리				
	5. 서비스인력 노동생산성 제고				
제5장 고객만족경영 (CSM) 전략	1. 경영전략 주요 이론				
	2. 경영전략의 개발				
	3. 서비스 지향 조직(고객만족 경영) 이해				
	4. 고객만족도 향상 전략				

모듈 C 서비스 운영 전략

SMAT

서비스경영자격

전 범위 기출 핵심 키워드

Service Management Ability Test

전 범위 기출 핵심 키워드

제 1 장 서비스 산업 개론

● 서비스의 특성과 관련한 문제 및 전략 대안

서비스의 특성	문제	전략 대안
무형성	• 저장 불능 • 특허로 보호 불능 • 커뮤니케이션의 어려움. • 가격결정 곤란 • 지각된 위험이 높음.	• 유형적 단서 강조 • 개인적 정보원 이용 • 구전 커뮤니케이션 자극 • 강한 기업이미지 창조 • 구매 후 커뮤니케이션에 관여
비분리성 (동시성)	• 고객의 생산 참여 • 다른 고객의 생산 참여 • 집중적 대량생산 불능	• 고객접촉요원의 선발과 훈련 • 고객관리 강화 • 복수입지 이용 • 내부마케팅 강화
이질성	• 품질관리의 어려움. • 표준화의 어려움.	• 서비스의 산업화 전략 • 서비스의 개별화 전략
소멸성	• 재고화 불능 • 수요의 변동성	• 변동적 수요대응전략 이용 • 수요와 공급의 조화

● **러브록(Lovelock)의 서비스 분류** : 서비스 행위의 성격, 서비스 조직과 고객 간의 관계, 서비스 제공자의 개별화와 재량적 판단의 정도, 서비스에 대한 수요와 공급의 성격, 서비스의 배달 방법

● **서비스업의 특징** : 무형적인 수행, 재고나 저장 불능, 고객 참여, 다른 고객과 접촉, 투입과 산출의 변동, 서비스 평가의 어려움, 서비스의 소유권이 없음, 시간 요인의 중요성, 전달 경로의 차이

● **마케팅 믹스**
- 제품, 가격, 촉진과 유통의 4P's 모델 → 과정(process), 사람(people), 물적 증거(physical evidence)를 추가해 7P's로 변화
- 4C's : 고객(consumer), 비용(cost), 편의성(convenience), 커뮤니케이션(communication)

● **제품의 서비스화** : 서비스가 복합융합형 상품이나 여러 가지 조건들과 결합하여 제공되면서 기업은 고객의 욕구 변화에 대응하기 위해 상품과 서비스를 조합한 패키지 형태의 상품을 주력서비스로 개발

● **서비스 경제의 규모** : 미국을 비롯한 선진국에서는 서비스 산업이 차지하는 비중이 국내총생산 대비 70%를 넘어서고 있음.

- **서비스 경영** : 서비스 조직의 목표를 효율적으로 달성하기 위해 고객을 위한 서비스 가치의 실현을 목표로 하는 경영 활동

- **서비스 패러독스의 발생 원인**

고객의식의 변화	고객의 기대 수준이 점점 높아지고 있음.
경쟁적 서비스 환경	모든 경쟁기업들이 상향 평준화된 서비스를 제공 → 차별화된 서비스로 인식되기 어려움.
서비스의 기계화	SSTS(Self Service Technologies System)의 발달로 복잡한 제품 사용에 있어서 고객과 직원의 어려움이 발생
서비스의 획일화	서비스의 지나친 표준화로 서비스의 개별성을 상실
기술의 복잡화	기술의 발달로 제품이 복잡해져 고객이 기술의 진보를 따라가지 못하게 됨.
일선 직원 확보의 악순환	지속적인 인력 확보의 어려움. → 충분한 교육을 받지 못한 직원을 접점에 투입함으로써 고객만족도 저하
서비스의 인간성 상실	효율성만을 강조함에 따라 고객과 직원 간의 상호작용에서 인간적 배려가 상실

- **S-T-P 분석**

시장세분화	➡	시장표적화	➡	제품포지셔닝(시장위치화)
• 시장세분화를 위한 기준 설정 • 세분시장의 프로필 개발		• 세분시장의 매력도 평가 • 표적시장의 선정		• 각 표적시장의 포지셔닝 개발 • 각 표적시장의 마케팅 믹스 개발

제 2 장 서비스 프로세스 설계 및 품질관리

- 서비스의 품질은 객관적인 질이 아니라 주관적 질의 개념으로서 소비자가 평가하는 지각된 서비스 품질(perceived service quality)의 의미로 정의

- **서비스 품질의 분류**

품질 속성	개념
탐색품질(탐색 속성)	• 소비자가 제품이나 서비스를 구매하기 전에 원하는 정보를 찾아봄으로써 쉽게 평가할 수 있는 속성 → 색상, 스타일, 느낌, 냄새, 가격 등 • 구매 이전에 서비스에 대한 정보를 획득하여 다양한 대안들을 비교 평가할 수 있으므로 탐색품질의 속성을 지닌 서비스는 수요탄력성이 높음.
경험품질(경험 속성)	소비자들이 소비 중이나 소비 후에 실질적인 경험을 통해서만 품질을 평가할 수 있는 속성
신용품질(신뢰 속성)	소비자가 서비스를 제공받는 동안은 물론 서비스를 제공받은 후에도 품질을 평가하기 어려운 속성

● **서비스 품질의 결정요인**

결과 질 (기술적 질)	서비스 거래의 결과를 나타내는 것으로서 고객이 서비스 거래를 통해 실제로 무엇을 제공받는가를 의미
과정 질 (기능적 질)	고객이 서비스 제공자로부터 서비스를 어떤 방법(절차 또는 과정)으로 제공받는가를 나타내는 것으로서 상호작용적 질이라고도 함.

● **서브퀄(SERVQUAL) 모델** : 5개 품질 차원(신뢰성, 반응성, 확신성, 공감성, 유형성)에 대해 22개 항목으로 구성된 서비스 품질 평가척도(SERQUAL)로 구성

● **카노(Kano)의 품질요소 분류(Kano 모형)** : 매력적 품질요소, 일원적 품질요소, 당연적 품질요소, 무관심 품질요소, 역 품질요소

● **갭(GAP) 분석 모형**
- 갭 1 : 고객의 기대와 경영자 지각의 차이
- 갭 2 : 경영자의 지각과 서비스 품질명세서의 차이
- 갭 3 : 서비스 품질명세서와 실제 서비스 제공의 차이
- 갭 4 : 실제 서비스 제공과 외부 커뮤니케이션의 차이
- 갭 5 : 서비스 기대와 서비스 지각의 차이

● **서비스 R&D** : 서비스 상품 및 서비스 전달체계 개발과 관련한 기초 및 응용 연구, 개발 활동을 의미

● **슈메너의 서비스 프로세스 분류**

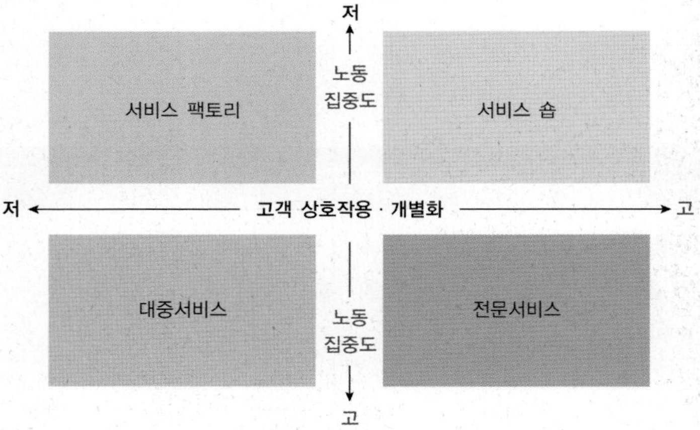

● **서비스 청사진(service blueprint)** : 서비스를 생산하고 제공하는 데 필요한 모든 활동과 절차를 망라하여 묘사하고 설명해 놓은 것

● **서비스 프로세스 재설계의 방안** : 가치 창출에 기여하지 않는 단계 제거, 셀프서비스로의 전환, 서비스를 고객에게 직접 전달, 일괄 서비스, 물리적 측면의 재설계

제 3 장 서비스 공급 및 수요 관리

● 수요와 공급의 관리 필요성

수요 부족시(공급 초과)	수요 초과시(공급 부족)
• 남는 서비스는 저장할 수 없으며 다른 장소로 운반하거나 다른 사람에게 이전할 수 없음. • 서비스 공급 능력의 유휴화에 따라 과잉 투자 비용과 고정비 부담, 유지관리비, 인건비 등의 비용 발생 → 경영 악화	• 고객의 대기상황 발생으로 서비스 품질이 낮아짐. • 고객이 대기할 수 없으면 판매(수익) 기회 상실

● 수요예측의 기법
- 정성적 수요예측 기법 : 델파이 기법, 역사적 유추법, 판매원 의견 종합법, 시장조사법, 중역진 의견법
- 정량적 수요예측 기법 : 시계열 분석, 전기수요법, 이동평균법, 지수평활법, 최소자승법, 회귀분석

● 마이스터(David Maister)의 대기관리 원칙
- 아무 일도 안 할 때 대기가 더 길게 느껴짐.
- 구매 전 대기가 덜 길게 느껴짐.
- 근심은 대기를 더 길게 느껴지게 함.
- 언제 서비스를 받을지 모른 채 무턱대고 기다리면 대기는 더 길게 느껴짐.
- 원인을 모르는 대기는 더 길게 느껴짐.
- 불공정한 대기는 더 길게 느껴짐.
- 대기는 가치가 적을수록 더 길게 느껴짐.
- 대기는 혼자 기다리면 더 길게 느껴짐.

● 대기행렬 이론의 분포

포아송 분포 (Poisson Distribution)	주어진 시간 또는 영역에서 어떤 사건의 발생 횟수에 대한 확률 모형 → '한 시간 동안 방문한 고객의 숫자는 10명이다(도착률).'
지수 분포 (Exponential Distribution)	특별한 이벤트가 일어나는 시간 간격, 한 고객을 처리하는 데 걸리는 시간, 고객이 도착하는 시간 간격 등을 표현 → '5분마다 새로운 고객이 방문하였다.'

● **서비스 가격 결정** : 원가중심 가격 결정, 경쟁중심 가격 결정, 수요중심 가격 결정

● **가격차별화 전략** : 시간에 따른 가격차별화, 고객에 따른 가격차별화, 장소에 따른 가격차별화, 구매량에 따른 가격차별화

● **심리적 가격 전략** : 품위가격, 단수가격, 가격단계화, 유인가격

- **서비스 수율 관리의 적합 상황**

세분시장	고객의 소득, 가격, 욕구와 같은 기준으로 세분시장이 구분될 경우 수율 관리가 더 효과적으로 활용됨.
변동 수요	수요의 변동성이 높아서 성수기와 비수기의 구분이 명확하고 계절적인 수요가 발생할 때 수율 관리가 효과적임.
사전 판매 (예약시스템)	사전에 판매할 수 있는 시스템이 갖추어져 있을 경우 수율 관리가 효과적임.
재고의 소멸	판매되지 못한 서비스 가용능력이 소멸되는 경우에 수율 관리가 더 적합 → 특정한 날에 호텔 객실이 판매되지 않은 경우 수율 관리를 적용할 수 있음.
저변동비율	가용능력 변경 비용은 높고 한계 판매 비용은 낮은 상황에 수율 관리가 효과적임. → 가용능력을 변경하는 비용이 높아서 수요 변동에 따라 공급능력을 쉽게 조절할 수 없는 경우 수율 관리의 적합성은 더 높아짐.

- **고객 기대의 유형** : 이상서비스, 희망서비스, 적절서비스, 예측서비스

- **서비스 품질비용**

구분	내용	세부비용
통제비용 (관리비용)	생산 흐름 과정에서 결함을 제거하기 위한 활동과 관련된 비용	예방비용, 평가비용
실패비용 (관리불량 비용)	생산 과정 중(내부 실패) 또는 제품 운송 이후(외부 실패) 불량품 생산에 따른 비용	내부 실패비용, 외부 실패비용

- **서비스 공급 모형**

모형	특징	세부 유형
자체 공급 모형	수요 변동에 맞추어 자체적으로 공급능력을 확보	• 수요 추구형 전략 • 공급 평준화(평균화) 전략 • 혼합 전략
주문 공급 모형	주문을 통해 서비스 공급량을 조달	• 고정 주문량 모형 • 고정 주문 간격 모형 • 일회 주문 모형

- **서비스 공급 관리 전략**

수요가 많은 상황 → 공급 증대, 수요 감소 전략 추진	수요가 적은 상황 → 공급 감소, 수요 증대 전략 추진
• 가용능력의 일시적 확장 • 임시종업원의 채용 • 종업원의 다기능화 훈련 • 고객의 참여 확대(셀프서비스 등) • 피크타임의 운영절차 도입 • 가용능력의 공유 • 가용능력의 임차 • 아웃소싱	• 시설, 장비의 유지관리 및 개・보수 • 종업원 교육 훈련 • 가용능력의 임대 • 종업원 감원 • 과잉설비 매각 • 서비스상품 개량 또는 개발

제 4 장 서비스 인적자원관리(HRM)

- **서비스 인적자원관리(HRM)** : 1970년대 초반부터 널리 사용되기 시작했으며, 이는 사람을 생산요소가 아닌 자원으로 보고 있음을 의미
- **인적자원관리의 범위** : 선발, 교육훈련, 보상, 경력개발, 이직, 복리후생, 평가
- **내부 모집과 외부 모집**

구분	내부 모집(사내 모집)	외부 모집(사외 모집)
특징	• 인사고과 기록 등을 활용하여 조직 내부에서 적격자를 찾는 방법 • 전직이나 직무 순환, 추천, 사내 공개 모집 제도, 관리자 목록 등을 참고	• 외부 인력 시장(채용 홍보, 취업 설명회, 박람회 등)을 통해 선발 대상자 모집

- **직무분석을 위한 직무정보 수집 방법** : 면접법, 관찰법, 중요사건법(중요사실기록법), 워크샘플링법, 설문지법
- **직무기술서와 직무명세서** : 직무기술서는 과업 중심적인 직무분석에 의하여 얻어지며, 직무명세서는 사람 중심적인 직무분석에 의하여 얻어짐.
- **직무평가의 방법** : 서열법, 분류법, 점수법, 요소비교법
- **인사고과의 유형** : 자기고과(자기 평가), 상사에 의한 고과(하향식 평가), 동료에 의한 고과(동료 평가), 부하에 의한 고과(상향식 평가), 다면적 고과(다면 평가)
- **노사관계의 발전 과정** : 전체적(자본적) 노사관계 → 온정적 노사관계 → 근대적(완화적) 노사관계 → 계급투쟁적 노사관계 → 민주적(현대적) 노사관계

- **단체교섭** : 근로자들이 노동조합이라는 교섭력을 바탕으로 임금을 비롯한 근로자의 근로조건 유지, 개선과 복지 증진 및 경제적·사회적 지위 향상을 위하여 사용자와 교섭하는 것

- **단체협약** : 노동조합이 사용자와 대등한 입장에서 교섭을 하여 임금, 기타 근로조건 등을 결정하는데, 이렇게 결정된 내용을 문서화한 것

- **만족한 종업원의 특징**

신뢰성	문제 발생에 대한 통제력 발휘 및 고객 요청과 불만에 적극적으로 대응하려는 자세
반응성	고객을 이해하고 격려함으로써 고객을 기꺼이 도우려는 자세
확신성	고객과의 정확한 커뮤니케이션을 할 수 있는 자세
공감	고객을 보살핌으로써 고객의 상황과 문제를 확인하려는 자세
유형성	눈으로 구분 가능한 설비나 장비 등으로 나타나는 외양적 자세(깔끔한 유니폼, 정돈된 시설 등)

- **갈등의 기능**

순기능	역기능
• 갈등을 통해 조직의 목표달성을 지원하거나 업적의 향상에 도움이 되는 상황 발생 • 조직 문제의 해결책으로서 새로운 아이디어나 제도가 만들어지는 계기 • 종업원이 분발할 필요성을 느끼게 만들어 종업원의 동기부여를 촉진하기도 함.	• 갈등의 해결에 노력하는 동안은 성과나 목표달성에 에너지를 모을 수가 없어 개인과 조직 양편에 부정적 결과 야기 • 지속적인 갈등은 종업원의 심리적 복지에 큰 부담 → 스트레스의 원인 • 지속적 갈등은 집단의 분위기에 영향을 주는 집단응집성에 부정적인 영향을 미침.

- **내부마케팅** : 서비스 종업원을 1차 고객으로 관찰하고 서비스 지향적인 마인드를 고취시킴으로써 동기부여하는 활동

제 5 장 고객만족경영(CSM) 전략

- **경영 전략의 구분** : 기업 전략, 사업 전략, 기능 전략

- **5-Forces 분석(마이클 포터)**

잠재적 진입자의 위협	잠재적 진입자가 해당 산업에 들어올 수 있다면 이 산업은 매력이 없음.
공급자의 교섭력	공급자들이 많은 힘을 행사하고 교섭력과 협상력이 높다면 해당 산업은 매력이 없음. → 공급자들이 힘을 갖고 가격을 인상하거나 품질을 떨어뜨릴 수 있음.
구매자의 교섭력	구매자들의 힘이 많을수록 산업은 매력이 없음. → 힘이 있는 구매자들이 가격 인하를 요구하거나 품질을 인상해달라고 요구할 수 있음.

대체재의 위협	대체재의 종류와 수가 많을수록 해당 산업의 서비스를 대체할 수 있다는 것이므로 매력이 없는 산업임.
기존 기업 간의 경쟁	치열하고 과도한 경쟁이 있다면 매력이 없는 산업임. → 경쟁이 포화될 경우 가격경쟁으로 이어지게 됨.

● SWOT 분석

내부 전략적 요소 / 외부 전략적 요소

		S (Strength : 강점요인)	W (Weakness : 약점요인)
외부 전략적 요소	O (Opportunity : 기회요인)	<u>SO전략(Maxi–Max)</u> • 내부 강점을 기회에 활용하는 전략 • 확대전략	<u>WO전략(Mini–Max)</u> • 기회를 활용해 약점을 극복하는 전략 • 우회전략, 전략적 제휴
	T (Threat : 위험요인)	<u>ST전략(Maxi–Min)</u> • 내부강점으로 위험을 극복하는 전략 • 안정적 성장전략, 다각화 전략	<u>WT전략(Mini–Min)</u> • 약점과 위협을 동시에 극복하는 전략 • 방어적 전략, 삭감전략, 청산, 합작투자

● 앤소프(Ansoff)의 성장전략(제품–시장 매트릭스)

제품 → 위험증가

시장 ↓ 위험증가

	기존	신
기존	시장침투 전략 (market penetration)	제품개발 전략 (production development)
신	시장확장 전략 (market extension)	다각화 전략 (diversification)

- **본원적 경쟁 전략(마이클 포터)**

경쟁범위 \ 경쟁우위		저원가	차별화
경쟁범위	넓음	원가우위 전략 (cost leadership)	차별화 전략 (differentiation)
	좁음	원가집중 전략 (cost focus)	집중차별화 전략 (focused differentiation)

- **포트폴리오 전략** : BCG 매트릭스(성장–점유 매트릭스)

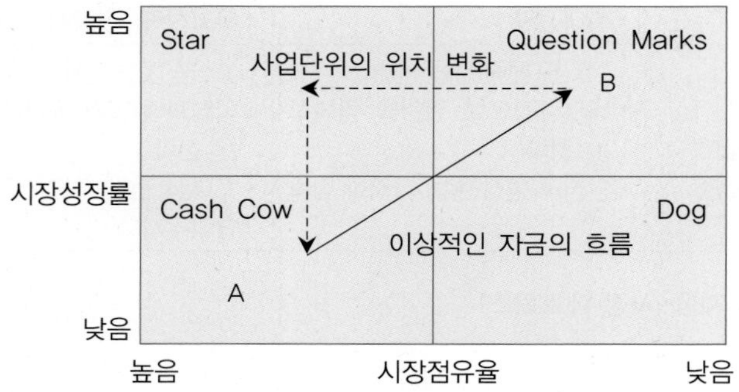

- **고객만족경영** : 고객지향적 사고가 기업경영의 모든 측면에 반영되어 고객의 입장에서 고객만족의 향상을 위해 지속적으로 노력하는 경영

- **국가고객만족도 지수(NCSI : National Customer Satisfaction Index)의 이해**
  - NCSI는 기업, 산업, 국가의 품질경쟁력 향상과 국민의 삶의 질 향상을 목적으로 한국생산성본부가 미국 미시간대학과 함께 개발한 고객만족 측정 지표임.
  - 공익적 목적으로 기업 경쟁력 제고를 위하여 직접 제품과 서비스를 경험한 고객을 대상으로 조사되고 있음.

- **고객만족경영의 실천 과제** : 최고경영자의 강력한 추진 의지, 전체 조직구성원의 적극적 참여, 고객만족지향적 기업문화 구축, 내부고객만족, 고객정보관리체제 구축, 역피라미드형 조직 구조

- **전사적 품질경영(TQM : Total Quality Management)** : 종합적 품질경영이라고도 하며 제품이나 서비스의 품질뿐만 아니라 경영과 업무, 직장환경, 조직구성원의 자질까지도 품질 개념에 포함하여 관리할 것을 제안

모듈 C 서비스 운영 전략

SMAT

서비스경영자격

제1장 서비스 산업 개론

제2장 서비스 프로세스 설계 및 품질관리

제3장 서비스 공급 및 수요 관리

제4장 서비스 인적자원관리(HRM)

제5장 고객만족경영(CSM) 전략

Service Management Ability Test

제 1 장 서비스 산업 개론

1 유형별 서비스의 이해

핵심 키워드

서비스의 특성(무형성, 비분리성, 이질성, 소멸성), 서비스의 1차원적 분류, 서비스의 다차원적 분류

1. 서비스 개요

① 의의

㉠ 서비스는 눈으로 보고 만질 수 있는 유형의 형태를 갖고 있는 재화(goods)와 대비되는 개념으로 이해되고 있다.

㉡ 서비스는 어떤 행위, 과정 및 그 결과로서의 성과를 뜻한다. 학교에서 교육을 받거나, 병원에서 의사의 진료를 받는 일, 전자상거래를 하는 일, 여행사를 통해 관광하는 일 등이 모두 서비스의 형태이다.

② 서비스의 특성

㉠ 서비스는 유형적인 제품과 구별되는 고유의 특성을 지니는데 무형성, 생산과 소비의 비분리성, 이질성, 소멸성이다.

㉡ 서비스의 특성과 관련한 문제 및 전략 대안

서비스의 특성	문제	전략 대안
무형성	• 저장 불능 • 특허로 보호 불능 • 커뮤니케이션의 어려움. • 가격결정 곤란 • 지각된 위험이 높음.	• 유형적 단서 강조 • 개인적 정보원 이용 • 구전 커뮤니케이션 자극 • 강한 기업이미지 창조 • 구매 후 커뮤니케이션에 관여
비분리성(동시성)	• 고객의 생산 참여 • 다른 고객의 생산 참여 • 집중적 대량생산 불능	• 고객접촉요원의 선발과 훈련 • 고객관리 강화 • 복수입지 이용 • 내부마케팅 강화

이질성	• 품질관리의 어려움. • 표준화의 어려움.	• 서비스의 산업화 전략 • 서비스의 개별화 전략
소멸성	• 재고화 불능 • 수요의 변동성	• 변동적 수요대응전략 이용 • 수요와 공급의 조화

2. 유형별 서비스 개요

① 국가별 분류 기준

미국 통계청	서비스를 기능별로 구분 → 유통서비스, 도・소매업, 비영리 서비스, 생산자 서비스, 소비자 서비스	
우리나라 통계청	생산관련 서비스	도・소매업, 음식・숙박업, 운수・보관, 통신, 금융・보험, 부동산 임대, 기업서비스
	소비관련 서비스	교육・연구, 보건, 사회보장, 사회서비스, 개인서비스, 공공서비스, 기타 서비스

② 유형별 서비스의 분류

㉠ 문헌들을 통해 나타나는 서비스의 분류체계는 크게 1차원적 분류와 다차원적 분류체계로 구분할 수 있다.

㉡ 1차원적 분류는 한 가지의 분류 기준 하에서 서비스를 직선적으로 분류한 것을 의미한다.

㉢ 다차원적 분류는 두 개 이상의 분류 기준을 결합하여 서비스를 평면적으로 분류한 것을 의미한다.

3. 1차원적 서비스 분류

① 쇼스택의 서비스 분류(유형성 기준)

㉠ 쇼스택(Shostack)은 시장에 제공되는 제공물은 대부분 유형적 요소와 무형적 요소를 모두 포함하고 있다고 보았다.

㉡ 제품-서비스 스펙트럼에 기초한 유형성 수준을 이용하여 연속선상에서 유형적 요소와 무형적 요소의 결합 비중에 따라 서비스를 분류하였다.

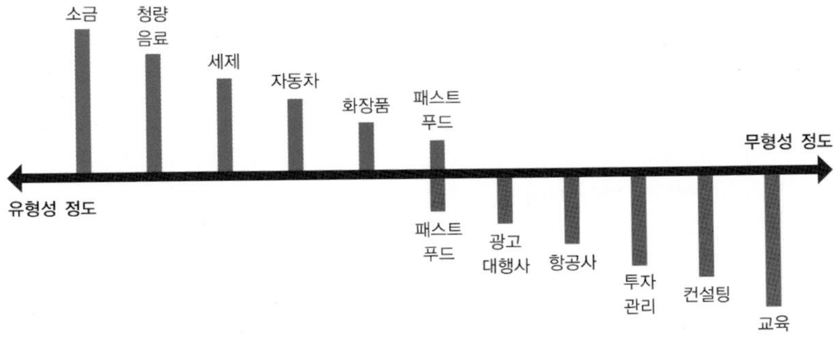

㉢ 고객의 입장에서 볼 때, 제공물이 유형적일수록 평가하기 쉬운 반면 무형적일수록 평가하기 어렵다고 볼 수 있다.

② 코틀러의 서비스 분류(재화 – 서비스의 결합 수준)

㉠ 코틀러(Kotler)는 기업이 제공하는 것을 재화 – 서비스의 결합으로 이루어진 것으로 보고, 서비스의 범주를 네 가지로 유형화하고 추가적 특성에 따른 분류가 필요하다고 주장하였다.

㉡ 재화 – 서비스 결합 수준에 따른 분류

서비스의 범주	• 서비스가 전혀 수반되지 않는 순수 유형제품(비누, 치약 등) • 서비스가 수반되는 유형재화(자동차 등) • 최소한의 재화가 수반되는 서비스(항공기 등) • 순수 서비스(정신요법 등)
추가적 특성 고려	• 서비스가 설비 기준인가(자동세차, 영화관, 항공기)/사람 기준인가(경비, 배관 설비, 법률 상담)? • 고객이 서비스 제공 현장에 있어야 하는가(정신요법 의사)/그렇지 않은가(자동차 수리)? • 서비스의 욕구충족 대상이 개인인가(개인서비스)/기업인가(기업서비스)? • 서비스 제공자의 목적(영리/비영리)과 소유권(개인 소유/공적 소유)은 어떠한가?

4. 다차원적 서비스 분류

① 의의

㉠ 러브록(Lovelock)은 기존의 서비스 분류체계가 미흡함을 지적하고, 두 가지 이상의 분류 기준을 결합함으로써 경영관리적 가치를 지니는 유용한 분류를 할 수 있다고 주장하였다.

㉡ 그는 이러한 관점에서 서비스 행위의 성격, 서비스 조직과 고객 간의 관계, 서비스 제공자의 개별화와 재량적 판단의 정도, 서비스에 대한 수요와 공급의 성격, 서비스의 배달 방법 등을 고려하였다.

㉢ 다섯 가지 영역의 질문에 대하여 각기 2차원적 격자 형태로 응답을 시도하면서 보다 포괄적인 서비스의 분류체계를 구축하였다.

② 서비스 행위의 성격에 따른 분류

서비스 행위의 성격	서비스의 직접적인 대상	
	사람	사물
유형적 활동	신체에 대한 서비스 → 의료, 여객운송, 이·미용실, 헬스클럽, 식당 등	재화나 소유물에 대한 서비스 → 화물 운송, 장비 수리·유지, 세탁 등
무형적 활동	정신에 대한 서비스 → 광고, 경영 자문, 교육, 방송, 극장, 박물관 등	무형자산에 대한 서비스 → 은행, 법률 서비스, 회계, 안전, 보험

③ 서비스 조직과 고객과의 관계에 따른 분류

서비스 배달의 성격	서비스 조직과 고객의 관계 유형	
	회원 관계	비공식적 관계
지속적 관계	보험, 전화 가입, 대학 등록금 등	라디오 방송, 경찰, 발전소, 보건소, 국도 등
단속적 관계	장거리 전화, 연극 회원, 정기승차권 등	렌트카, 우편서비스, 유료고속도로, 공중전화, 극장, 식당 등

④ 서비스의 개별화와 재량에 따른 분류

종업원의 재량 정도	고객에 따른 서비스의 개별화의 정도	
	높음	낮음
높음	법률, 의료, 건축 설계, 부동산 중개, 택시, 교육(개인 지도) 등	교육(단체 지도), 예방진료 프로그램
낮음	전화, 호텔, 은행, 고급 레스토랑 등	대중교통, 패스트푸드, 극장, 스포츠 관람 등

⑤ 서비스 수요와 공급의 특성에 따른 분류

공급이 제한되는 정도	서비스 수요와 공급의 특성에 따른 분류	
	높음	낮음
최대 수요 충족	전력, 천연가스, 전화, 병원 분만, 소방, 경찰치안 등	보험, 법률서비스, 은행, 세탁 등
최대 수요 미충족	회계·세무, 여객운송, 호텔, 식당, 극장 등	위와 같으나 규모가 작아 수용능력이 불충분한 경우

⑥ 서비스 제공 방법에 따른 분류

고객과 서비스 조직 간의 상호작용 특성	서비스 점포 입지	
	단일 입지	복수 입지
고객이 서비스 조직으로 감.	극장, 이발소	버스, 패스트푸드
서비스 조직이 고객에게 감.	잔디 관리, 방역, 택시	우편배달, 긴급 차 수리
서로 떨어져 거래함.	신용카드, 지역 TV방송	방송네트워크, 전화국

2 서비스업의 특성 이해

핵심 키워드

상품과 서비스의 차이, 서비스업의 특징, 확장된 마케팅 믹스, 상품과 서비스의 결합

1. 서비스업의 성장 배경

① 개요

정보화 시대의 진전	제조업 중심의 산업구조로부터 컴퓨터와 정보통신기술의 발달에 기초한 정보화 시대로의 전환 → 서비스 산업의 발달을 가속화 및 서비스 산업의 발전 촉진
산업구조의 소프트화 현상	• 산업구조가 고도화될수록 기업의 생산과정은 분화가 촉진되고 서비스에 대한 수요는 증대 • 유통·물류, 교육훈련, 인력관리, 기술개발, 광고·홍보 등 기업 활동에서 필요로 하는 많은 전문화된 서비스는 외주의 형태로 수행
소득의 증가와 소비구조의 서비스화	가계소득의 증가와 함께 교육, 문화, 오락, 통신, 외식, 육아, 가사서비스 등 총 가계비에서 서비스 부문의 소비지출 구성비가 증가
기술혁신	기술혁신에 따른 제품기술의 진보와 신제품 개발은 서비스의 수요를 증가시킴.
신종 서비스업의 출현과 성장	신종 서비스업은 기업의 부가가치 창출 과정에서 필요로 하는 산업지원 서비스(디자인, 컨설팅, 연구개발 등)와 소비자 욕구의 다양화, 고급화, 전문화 추세에 따라 요구되는 생활지원 서비스업(문화오락, 레저, 교육 등)으로 구분
서비스 산업의 국제화	금융업, 항공업, 외식업, 호텔업, 운송업, 유통업, 컨설팅 등 수많은 서비스 기업들이 국경 없는 서비스의 국제화를 지향
정부의 서비스 산업 활성화 노력	지식집약도가 높은 지식기반 서비스 산업은 앞으로 경제의 새로운 성장 동력이 될 수 있음. → 고용시장을 활성화시켜 고용창출 효과를 가져 오고 적은 자본으로 높은 부가가치 창출 가능

② 서비스업과 마케팅

㉠ 서비스업의 역동적인 환경으로 마케팅의 필요성이 확대되었다. 서비스 생산은 고객의 욕구에 맞추어야 하고, 현실적인 가격을 결정해야 하고, 편리한 경로로 유통해야 하고, 고객에게 적극적으로 촉진해야 한다.

㉡ 신규 진입자들은 가격, 커뮤니케이션 노력과 서비스 전달을 통해 특정한 세분시장에 소구하는 포지셔닝을 한다.

2. 상품과 서비스의 차이

① 의의

㉠ 상품 마케팅 기술을 서비스 조직에 직접적으로 적용할 수가 없는데, 서비스 영역의 마케팅 관리는 몇 가지 중요한 점에서 제조 영역과 다르기 때문이다.

㉡ 제조업과 비교한 서비스업의 특징

- 서비스는 무형적인 수행
- 서비스는 재고가 없음.
- 생산과정에서 고객의 많은 참여가 필요
- 다른 고객들은 제품의 일부를 형성
- 서비스 운영의 투입과 산출에는 많은 변동성이 있음.
- 고객들은 서비스의 소유권을 가질 수 없음.
- 고객이 서비스를 평가하기 어려움.
- 시간 요인이 비교적 중요
- 전달시스템은 장비와 물리적인 경로를 포함할 수 있음.

② 서비스업의 구체적 이해

무형적인 수행	서비스는 무형적인 수행이며 서비스에서 편익은 만지거나 포장할 수 없는 수행을 통해 산출됨.
재고나 저장 불능	서비스는 고객이나 회사가 보관할 수 없고, 저장할 수 없는 행위나 수행으로 이루어짐.
고객 참여	서비스는 생산과정에 고객이 참여 예 고객들은 미용실이나 병원에서 앉아 있는 것처럼 서비스 종업원과 협력함으로써 서비스를 산출하는 데 적극적으로 참여
다른 고객과 접촉	서비스를 제공받기 위해 시설에 있는 다른 사람들은 제품의 일부를 형성 → 고객들은 서비스 종업원과 접촉할 뿐만 아니라 다른 고객들과도 접촉 예 버스에서 다른 사람과 함께 승차하고, 음식점에서 다른 사람과 같은 시간대에 같은 장소에서 식사
투입과 산출의 변동성	• 상품은 통제된 조건에서 생산되고, 생산성과 품질을 최적화하기 위해 계획되고, 고객에게 전달하기 전에 품질 기준과의 일치성을 검사할 수 있음. • 서비스는 생산과 동시에 소비되기 때문에 실시간 조건에서 고객마다 또는 시간마다 변동성이 있을 수 있음.
서비스 평가의 어려움	• 대부분의 유형상품은 색상, 외형, 스타일, 형태, 가격, 느낌이나 냄새처럼 제품을 구매하기 전에 고객이 결정할 수 있는 제품의 특징이 있음. • 서비스는 상품과 비교하여 고객이 평가하는 데 어려움이 있음.
서비스의 소유권	고객들은 서비스를 구매하더라도 서비스의 소유권을 가질 수 없음. → 고객은 유형요소의 계속적인 소유권 없이 서비스로부터 편익이나 가치를 얻을 수만 있음.
시간 요인의 중요성	서비스에는 시간 요인이 중요하게 작용 → 항공기, 영화나 공연 등 실시간 전달되는 서비스를 받기 위함.
전달 경로의 차이	서비스의 전달시스템은 장비와 물리적인 경로를 포함할 수 있음.

3. 확장된 마케팅 믹스

① 의의

㉠ 전통적인 상품믹스는 제품, 가격, 촉진과 유통의 4P's 모델로 설명한다. 그러나 4P's 모델은 유형 제품의 마케팅에는 유용하지만 서비스 제품에는 충분하지 못하다.

㉡ Booms와 Bitner는 4P's에서 과정(process), 사람(people), 물적 증거(physical evidence)를 추가해 7P's를 제시하였다.

② 서비스 믹스의 7P's

㉠ 실제로 모든 서비스는 고객을 직접적으로 다루고 수행하는 데서 사람에 의존한다.

㉡ 서비스는 고객의 존재로 수행되기 때문에 서비스가 전달되는 과정은 소비자가 돈을 지불하는 것의 일부이다.

㉢ 서비스는 어느 정도 물적 증거를 포함하고 있다. 예를 들어, 레스토랑 음식은 계산에 서비스의 무형적인 요소를 제공하더라도 유형적인 물건이 포함되어 있다.

Product	Price	Promotion	Place	Process	People	Physical Evidence
• 물리적 특성 • 품질 • 보조서비스 • 상품계열 • 브랜드	• 가격 • 유연성 • 차별화 • 거래조건 • 할인	• 인적판매 • 판촉 • 매체광고 • 홍보 • 옥외광고	• 매장 위치 • 경로 방식 • 복수입지 • 체인화	• 서비스 활동의 흐름 • 서비스 제공 단계 • 고객 참여	• 종업원 선발 • 종업원 교육 • 동기부여 • 고객관계	• 건물, 시설, 장비, 설비 • 복장, 명함 • 팸플릿 • 문서

③ 최근의 변화 추세

㉠ 마케팅 요소 4P's는 기업의 입장에서 강조되는 것이기 때문에 고객의 입장에서 마케팅 관리를 이해해야 한다는 것을 강조하기 위해 4P's 대신 4C's로 봐야 한다는 관점이 있다.

㉡ Consumer : 제품(product)이 아니라 고객이 원하는 것이므로 고객(consumer) 또는 고객가치(customer value)이다.

㉢ Cost : 가격(price)이 아니라 소비자들이 구매하는 데 들어가는 노력, 시간, 심리적 부담 등 고객이 지불하는 비용(cost)이다.

㉣ Convenience : 구매하는 장소(place)가 중요한 것이 아니라 고객이 편리하게 구매할 수 있는 정도, 즉 편의성(convenience)이 중요하다.

㉤ Communication : 프로모션(promotion)이라는 용어에는 일방적인 전달이라는 의미가 내포되어 있다. 따라서 고객 입장을 고려하면 커뮤니케이션(communication)이 되어야 한다.

4. 상품과 서비스의 결합

① 많은 서비스는 상품과 결합하여 판매가 이루어진다. 유형의 상품과 함께 서비스의 전달은 이용자의 감각적 편익과 심리적 편익을 제공해 준다.

② 고급 레스토랑에서의 식사를 예로 들면 유형적인 음식과 함께 무형적인 서비스를 결합하여 판매한다. 분위기, 환경과 종업원의 서비스를 판매하는 것에 비중이 크기 때문에 그만큼의 가격을 지불해야 한다.

물리적 요소	음식, 음료수, 기타(건물, 탁자, 냅킨, 기구, 장치 등)
감각적 편익	미감과 향기, 종업원의 서비스, 시청각적 분위기(실내 장식, 가구 등), 사회적 분위기(다른 손님들이 어우러진 분위기 등)
심리적 편익	편안함, 사회적 신분감, 성취감, 행복한 기분

③ 제품의 서비스화

㉠ 한국소프트웨어 진흥원에 따르면 서비스는 단순히 제품에 부가적으로 제공되는 차원을 넘어 기업이 고객에게 제공할 수 있는 모든 가치를 통합하는 역할로 진화하고 있다.

㉡ 서비스가 복합융합형 상품이나 여러 가지 조건들과 결합하여 제공되면서 기업은 고객의 욕구 변화에 대응하기 위해 상품과 서비스를 조합한 패키지 형태의 상품을 주력서비스로 개발하여 출시한다.

㉢ 제품의 서비스화 사례(한국사이언스 연구회)

유형	예시
독립적인 여러 제품이나 서비스가 결합되어 고객의 요구가 충족되는 경우	복합 금융 사업
여러 제품이나 서비스가 합쳐진 패키지 형태의 제품인 경우	행정기관의 One-stop 서비스
하드웨어, 소프트웨어, 통신, 서비스, 정보가 함께 제공되어야 온전한 기능을 하는 경우	내비게이션
다른 제품이나 시설과 상호작용이 중요하고 다른 제품이나 서비스와의 연계 통합에 의하여 가치를 제공하는 경우	스마트 홈에서의 정보 가전기기
성능 유지를 위하여 소모품 공급 등 유지보수 활동이 빈번히 요구되는 경우 제품의 전 수명주기에 대한 관리가 요구되는 제품의 경우	복사기, 정수기, 부동산 개발
제품 간의 차별화 요소가 서비스여서 서비스가 주요 구매 결정요인인 경우	온라인 교육
고가의 제품이나 기능이 복잡하여 제품과 관련된 정보 제공이 중요한 경우	오디오 세트
여러 가지 옵션의 조화로 비교 평가가 필요한 경우	자동차

3 서비스 경제 시대 이해

핵심 키워드

서비스 경제의 규모, 서비스 경제의 성장 배경, 서비스 경제의 양상, 서비스 경영

1. 서비스 경제의 등장

① 의의

㉠ 산업구조의 고도화와 함께 서비스 산업은 그간 양적·질적으로 많은 발전을 해 왔다.

㉡ 우리나라의 서비스 산업은 짧은 기간 동안 빠른 성장을 하여 국내총생산 대비 약 60%에 이르고 있다.

㉢ 서비스 산업은 전체 산업 부문에서 가장 큰 비중을 차지하는 국가의 중추적 산업이라 할 수 있다.

② 서비스 경제의 규모 변화

㉠ 우리나라 산업구조를 살펴보면, 서비스업의 비중은 1960년에 43.2%이던 것이 2010년대를 지나면서 60%대로 전체 산업에서 차지하는 비중이 가장 높아졌다.

㉡ 미국을 비롯한 선진국에서는 서비스 산업이 차지하는 비중이 국내총생산 대비 70%를 넘어서고 있다.

㉢ 서비스 산업은 국가 경제를 발전시키고 소비자들의 삶의 질을 향상시키는 견인차 역할을 한다는 데 그 중요성이 있다.

2. 서비스 경제의 성장 배경

① 개요

㉠ 서비스 경제화 현상이 이루어지는 원인으로는 소득 증가에 따른 소비의 서비스화 진전, 기업에서의 서비스 수요 증대, 정보기술의 발달과 기술혁신에 따른 새로운 서비스 산업의 발전을 들 수 있다.

㉡ 서비스 경제가 성장한 구체적 배경을 살펴보면 더욱 다양한 원인을 살펴볼 수 있다.

② 서비스 경제의 성장 이유

- 소비자 욕구의 다양성(오락, 관광, 레저 스포츠 등)
- 급속한 기술의 진보(CATV, 인터넷, 스마트폰 등)
- 기업 활동에서 서비스 수요의 증가(경영컨설팅, 시장조사, 디자인, 제품개발, 종업원 연수, 사후 서비스 등)
- 부의 증가에 따른 서비스 수요 증가(세탁, 청소, 육아 등)
- 여가시간의 증가(여행사, 성인교육 프로그램, 레저산업 등)
- 여성의 취업과 사회진출 증가(탁아소, 유아원, 파출부, 외식, 홈쇼핑 등)
- 평균수명의 증가(유료양로원, 실버타운, 건강관리 서비스 등)
- 제품의 복잡화 증가(컴퓨터 등의 복잡한 제품의 수리 유지 전문가)
- 삶의 복잡화(세무상담, 법률상담, 결혼상담, 취업상담, 카운슬링 등)
- 정보기술의 발전에 따른 새로운 서비스 상품의 증가(컴퓨터 프로그래밍, 웹디자이너, 정보검색 서비스 등)

③ 서비스 경제화의 양상

신종 서비스업의 등장	사이버 경매장, 사이버 서점, 택배 서비스, 이벤트 대행업체, 산소방 등의 신종 서비스업의 등장
부가적 보조 서비스 제공	기업이 주요 서비스 외에 부가적인 보조 서비스를 제공하여 기업 전체의 서비스 활동이 증가 → 이동통신사의 통화 서비스 외에 전자우편, 음성사서함, 인터넷, 알람 기능, 상품대금 결제 등의 보조 서비스
기존 서비스업의 고도화	기존 서비스업의 고급화·전문화·다양화 → 토털 웨딩 스튜디오, 비만 클리닉, 우체국의 서비스 영역 확대
서비스업으로의 전환	전통적인 제조기업이 서비스업으로 전환하거나 서비스 사업을 추가하여 확장 → 제조 기업이 영상, 외식, 정보서비스 사업 진출
부가적 고객 서비스 증대	제조기업이 제품판매 시 부가적인 대 고객 서비스를 증가시키는 것 → 컴퓨터회사의 사후서비스, 소비자교육, 사용안내, 소프트웨어 및 무료 프로그램 제공, 무료 업그레이드 서비스 등

3. 서비스 경영

① 의의

㉠ 경영이란 조직의 목표달성을 위해 조직구성원들 간에 상호협력을 통해 계획, 실행, 통제 등의 경영관리 기능을 수행해나가는 일련의 과정이라고 정의할 수 있다.

㉡ 서비스 경영은 서비스업이나 서비스 중심의 조직을 대상으로 하는 경영을 말하며, 기본적으로 기업경영의 흐름 속에서 개념화되어야 한다.

㉢ 서비스 경영은 서비스 조직의 목표를 효율적으로 달성하기 위해 고객을 위한 서비스 가치의 실현을 목표로 하는 경영 활동이라고 할 수 있다.

② 서비스 경영의 배경

㉠ 기업은 환경 변화에 적극적으로 대응하며 상호작용해 가는 것을 중요하게 생각한다.

㉡ 서비스가 부각되면서 기업으로 하여금 서비스도 변화해야 하며, 이는 조직을 유지하기 위해서는 필수적으로 받아들이고 적응해야 할 목표가 되었다.

㉢ 따라서 상품과 더불어 서비스 역시도 고객지향적으로 나아가지 않으면 안 되는 시기가 되었다.

㉣ 서비스 경영이 등장하고 발달하게 된 배경은 대표적으로 다섯 가지를 들 수 있다.

제조업의 변화	제조업은 단순히 물리적인 제품만 생산·판매하는 것이 아니라 자사가 판매하는 제품과 연관된 신용, 배달, 설치, 수선, 사후서비스 등의 관련 서비스를 함께 제공
규제 완화와 경쟁 심화	경제 성장, 소비자들의 의식 수준이 높아지고, 산업 전반에 걸쳐 국제화가 가속화되면서 국가적인 경쟁력 제고와 더불어 소비자들의 선택의 폭을 넓혀 주기 위하여 규제가 점점 완화되고 있음. → 기존 기업들을 자극하였고, 역량 있는 기업들의 다각화를 촉진하여 서비스와 관련된 경쟁 심화
공기업의 민영화	공기업이 민영화되면서 공공 서비스조직에 있어서도 조직의 재정립, 원가 절감, 고객중심적 자세의 확립 등 효율성 제고를 위한 노력을 가속화
기술적인 발달	컴퓨터, 인터넷 등을 비롯한 전자·정보·통신의 발달과 보급은 기업의 서비스 본질과 범위에 있어서 변화를 가져왔고 새로운 서비스를 창출하고 서비스 품질을 향상시킴. → 제품의 개발과 다양화를 통해 다양한 소비자 욕구를 만족시키고 있으며 이에 따른 서비스도 역시 발전
서비스의 발전	서비스의 중요성이 부각되면서 서비스의 한계로 작용하던 특성들을 극복하기 위한 다양한 방법들이 개발되고 확산 → 서비스 프랜차이즈 시스템을 도입하여 서비스를 표준화하고 동시성을 극복

4 서비스 패러독스

핵심 키워드

서비스 패러독스의 개념, 서비스 패러독스의 발생 원인, 서비스 패러독스의 해결 방안

1. 개요

① 개념

㉠ 서비스 패러독스(Service paradox)란 과거에 비해 풍요롭고 경제적인 부를 누리며 사람들은 더 많은 자유 시간을 갖게 됐지만 역설적이게도 서비스는 악화되는 현상을 일컫는다.

㉡ 서비스 경제의 발달로 양적·질적으로 더 높은 수준의 서비스를 대량으로 공급받음에도 소비자들이 체감하는 서비스 품질은 하락하는 것이다.

② 서비스 패러독스와 서비스 공업화

㉠ 서비스 패러독스의 현상을 이해하기 위해서는 서비스업의 마케팅이 제조업의 마케팅이론을 그대로 적용해 이룬 서비스 공업화를 살펴봐야 한다.

㉡ 서비스 공업화란 효율성 제고 및 비용 절감 등을 위해서 서비스 활동의 노동집약적 부분을 기계로 대체하듯이 서비스 활동에도 이를 그대로 적용하는 현상을 말한다.

㉢ 서비스 공업화는 중심 주제가 인간이 아니라 장치나 시스템이 매개가 된다는 것이 큰 특징이다.

㉣ 서비스 공업화에는 표준화, 기계 및 시스템 기술을 이용하여 노동력을 절약하고 균일한 서비스를 대량으로 생산한다. 따라서 종업원의 자유재량이나 인간적 요소가 결여되어 풍요 속의 서비스의 빈곤을 낳게 된다.

2. 서비스 패러독스의 발생 원인

고객의식의 변화	고객의 기대 수준이 점점 높아지고 있음.
경쟁적 서비스 환경	모든 경쟁기업들이 상향 평준화된 서비스를 제공 → 차별화된 서비스로 인식되기 어려움.
서비스의 기계화	SSTS(Self Service Technologies System)의 발달로 복잡한 제품 사용에 있어서 고객과 직원의 어려움이 발생
서비스의 획일화	서비스의 지나친 표준화로 서비스의 개별성을 상실
기술의 복잡화	기술의 발달로 제품이 복잡해져 고객이 기술의 진보를 따라가지 못하게 됨.
일선 직원 확보의 악순환	지속적인 인력 확보의 어려움 → 충분한 교육을 받지 못한 직원을 접점에 투입함으로써 고객만족도 저하
서비스의 인간성 상실	효율성만을 강조함에 따라 고객과 직원 간의 상호작용에서 인간적 배려가 상실

3. 서비스 패러독스의 해결 방안

S	Sincerity, Speed, Smile	서비스에는 성의, 스피드, 스마일이 있어야 함. → 판매의 3S
E	Energy	서비스에는 활기찬 에너지가 넘쳐야 함. → 활기찬 대응이 고객의 인상에 큰 영향을 미침.
R	Revolutionary	서비스는 혁신적이고 신선해야 함.
V	Value	서비스는 거래하는 양자 모두에게 가치가 있어야 함. → 서비스는 한쪽에는 가치 있고, 다른 쪽에는 일방적인 희생을 강요하는 것이 아님.
I	Impressive	서비스는 고객에게 기쁨과 감동을 제공할 수 있어야 함.
C	Communication	서비스는 상호 커뮤니케이션임.
E	Entertainment	서비스에는 진심어린 환대가 있어야 함.

5 서비스 비즈니스 모델 이해

핵심 키워드

서비스 비즈니스의 절차와 모델, 서비스 비즈니스의 단계별 활동(S-T-P 분석)

1. 서비스 비즈니스의 이해

① 개요

㉠ 서비스는 소유권이 없는 행위, 수행이나 편익을 제공하는 무형 제품으로 서비스 회사는 프로세스를 통해 사람, 자원, 시설, 장비를 서비스로 전환한다.

㉡ 서비스 비즈니스는 기업의 목적과 존재 이유인 기업 사명과 회사가 지향할 목표를 설정한다. 이러한 기업 사명과 목표에 따라 고객들에게 가치를 제안하고, 이를 실현하기 위한 구체적인 전략을 수립한다.

② 서비스 비즈니스의 절차

서비스의 특성 이해	무형성, 비분리성, 이질성, 소멸성에 대한 이해
시장세분화, 표적화와 포지셔닝	회사는 모든 고객을 만족시킬 수 없음. → 포지셔닝을 통해 유사한 욕구를 가진 동질의 집단을 선정하고, 고객의 마음 속에 경쟁제품보다 더 유리하게 위치
마케팅 프로그램 수행	상품관리, 가격관리, 인적자원관리, 물적증거관리, 커뮤니케이션 관리와 유통관리 등의 마케팅 프로그램 수행 → 서비스 기업은 사람 중심이기 때문에 유능한 직원 선발과 교육 훈련이 요구
서비스 제품 산출	종업원, 고객과 자원을 투입하여 서비스 제품을 산출
관계마케팅	고객의 품질 만족, 고객과의 장기적인 관계관리 수행

2. S-T-P 분석

① 개념

㉠ S-T-P 분석은 서비스 비즈니스 수행을 위한 목표 마케팅을 수행하는 것이다.

㉡ 전체 시장을 세분시장으로 구분하고 이들 중 하나 혹은 그 이상의 시장 부문을 선정하여 각 시장 부문에 적합한 제품과 마케팅 믹스를 개발하는 활동이다.

㉢ 과거에는 대량 마케팅(대중 마케팅) 활동을 통하여 소비자들의 공통의 욕구를 충족시켜 주었으나 소비자의 욕구가 다양해짐에 따라 차별화 마케팅을 거쳐 오늘날에는 목표 마케팅이 보편화되고 있다.

② 목표 마케팅의 단계

목표시장 선정(목표 마케팅)은 '시장세분화(Segmentation) → 시장표적화(세분시장 선정, Targeting) → 제품포지셔닝(Positioning)' 단계를 거치면서 수행된다.

시장세분화	➡	시장표적화	➡	제품포지셔닝 (시장위치화)
• 시장세분화를 위한 기준 설정 • 세분시장의 프로필 개발		• 세분시장의 매력도 평가 • 표적시장의 선정		• 각 표적시장의 포지셔닝 개발 • 각 표적시장의 마케팅 믹스 개발

③ 단계별 활동

시장세분화	• 시장을 나누고 그중에서 각 시장의 크기, 시장잠재력, 고객의 이해 등을 분석 • 특정시장 부문에 바탕을 둔 마케팅 계획과 예산을 수립함으로써 보다 유리한 마케팅 전략을 구사할 수 있음. • 시장을 소비자 욕구, 구매 동기 등으로 정확히 파악할 수 있음. • 시장세분화의 조건으로 측정가능성, 실질성(규모), 접근가능성, 활용가능성이 있어야 함.
시장표적화	시장세분화를 한 후에는 각 세분시장을 평가하여 자사의 경쟁 우위가 확보될 수 있는 가능성을 파악하고, 전망이 좋은 세분시장을 선택
제품포지셔닝	• 표적시장에서 고객의 욕구를 파악하여 경쟁제품에 비하여 차별적 특징을 갖도록 제품 개념을 정하고 소비자들의 지각 속에 적절히 위치시키는 노력 • 제품속성에 의한 포지셔닝, 이미지 포지셔닝, 사용 상황이나 목적에 의한 포지셔닝, 제품 사용자에 의한 포지셔닝, 경쟁제품에 의한 포지셔닝 등이 있음.

3. 서비스 비즈니스 모델

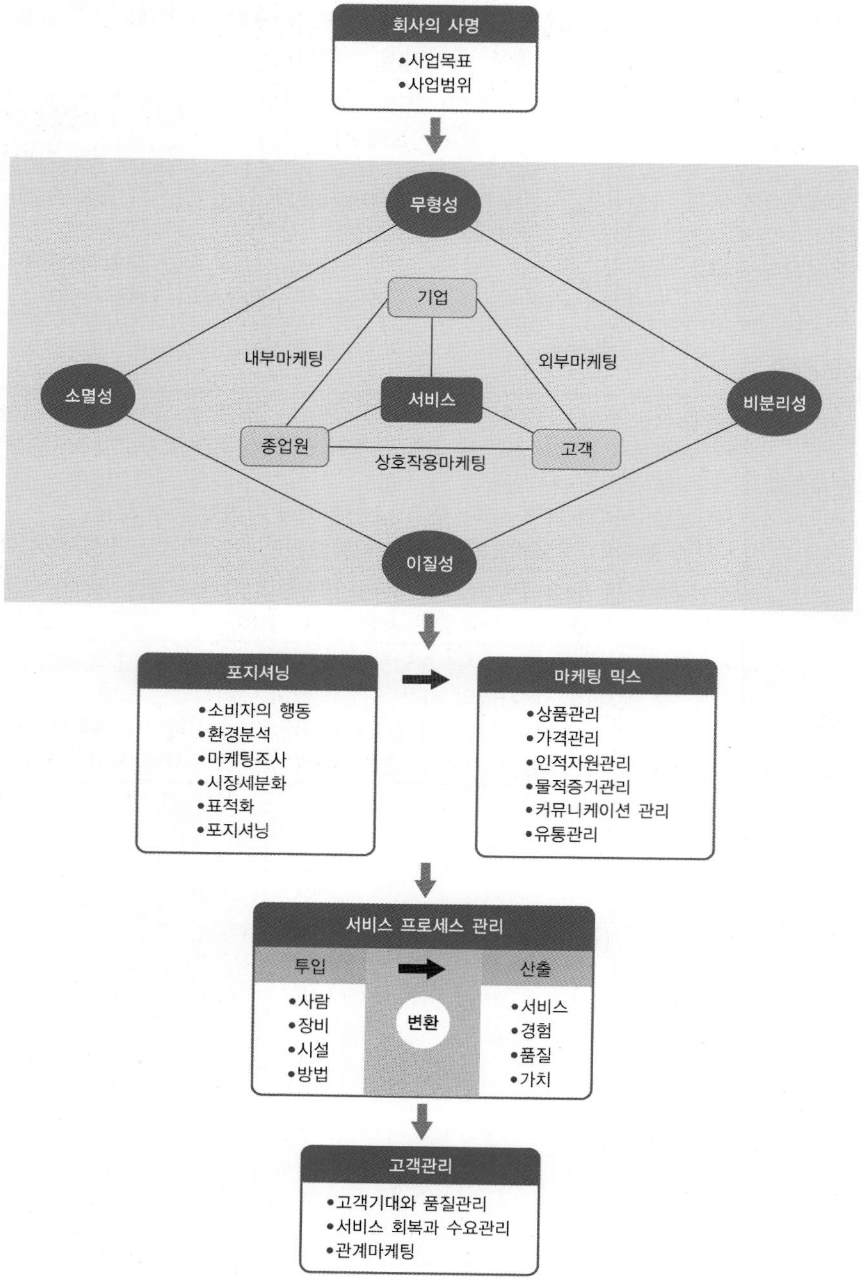
회사의 사명
•사업목표
•사업범위
무형성
기업
내부마케팅
외부마케팅
소멸성
서비스
비분리성
종업원
고객
상호작용마케팅
이질성
포지셔닝
•소비자의 행동
•환경분석
•마케팅조사
•시장세분화
•표적화
•포지셔닝
마케팅 믹스
•상품관리
•가격관리
•인적자원관리
•물적증거관리
•커뮤니케이션 관리
•유통관리
서비스 프로세스 관리
투입
•사람
•장비
•시설
•방법
변환
산출
•서비스
•경험
•품질
•가치
고객관리
•고객기대와 품질관리
•서비스 회복과 수요관리
•관계마케팅

서비스 산업 개론

제 1 장 단원 기출문제

PART 1 일반형

01 다음 중 서비스 유형에 따른 관리 방안으로 가장 적절한 것은?

① 시중은행과 같이 많은 직원이 필요한 서비스업은 교육 및 인력관리가 중요하다.
② 고객접촉도가 높은 서비스업의 업무 효율성 제고를 위해 모든 부문의 접촉강화 전략이 필요하다.
③ 상호작용과 고객화가 높은 서비스업은 직원의 이직률을 낮추기 위해 엄격한 상하관계 관리가 중요하다.
④ 호텔 및 콘도와 같이 많은 자본투자가 이루어지는 서비스업은 성수기에 수요를 최대화하는 것이 중요하다.
⑤ 상호작용과 고객화가 낮은 서비스업은 서비스 제공 인력의 전문성을 높이고, 수평적 상하관계 관리가 필요하다.

해 설 ② 고객접촉도가 높은 서비스업의 업무효율성 제고를 위해 접촉이 꼭 필요한 부문은 접촉강화 전략, 그렇지 않은 부문은 접촉감소 전략을 활용하는 것이 필요하다.
③ 상호작용과 고객화가 높은 서비스업은 서비스 제공 인력의 전문성을 높이고, 수평적 상하관계 관리가 필요하다.
④ 호텔 및 콘도와 같이 많은 자본투자가 이루어지는 서비스업은 성수기 수요를 비수기로 전환하는 수요관리가 중요하다.
⑤ 상호작용과 고객화가 낮은 서비스업은 표준화된 운영 절차와 엄격한 상하관계 관리가 필요하다.

02 다음 중 서비스업에 대한 내용으로 가장 적절한 것은?

① 서비스는 제조업체의 입장에서는 필요악이다.
② 도시화의 가속은 서비스업 성장의 저해 요인이다.
③ 새로운 직업의 대부분이 서비스에 의해 창출되고 있다.
④ 임대의 개념으로 서비스를 보는 관점은 적절하지 않다.
⑤ 첫 구매의 경우, 유형재로서의 제품에 비해 서비스의 경우 고객 기대관리가 더욱 용이하다.

정답 01 ① 02 ③

해 설 ① 서비스 산업과 제조업의 구분이 필요하며, 특히 최근 제조업의 산출물인 제품의 차별화를 위해 서비스가 활용되고 있다.
② 도시화가 진행됨에 따라 서비스 산업이 성장하였다.
④ 서비스의 경우 임대의 개념으로 보는 것이 적절하며, 예를 들어 의료서비스의 경우 병원의 시설과 의사의 전문지식을 빌리는 것으로 이해할 수 있다.
⑤ 서비스는 무형재이기에 첫 구매시 기대 형성이 어렵다.

03 서비스 패러독스가 발생하는 원인과 거리가 먼 것은?

① 고객의 기대 수준이 점점 높아지고 있다.
② 서비스의 기계화(Self Service Technologies)
③ 경쟁적인 서비스 환경이 차별성을 잃게 만들고 있다.
④ 기술의 단순화로 고객이 서비스를 정확하게 인지하고 있다.
⑤ 서비스의 획일화, 즉 지나친 표준화로 서비스의 개별성이 상실되고 있다.

해 설 서비스 패러독스(Service paradox)란 과거에 비해 풍요롭고 경제적인 부를 누리며 사람들은 더 많은 자유시간을 갖고 있는데 역설적이게도 서비스는 악화되는 현상을 일컫는다. 시간이 지날수록 기술은 복잡해지는데 비해 고객은 이러한 기술의 진보를 따라잡지 못하고 있는 실정이다.

PART 2 O/X형

04 고객의 입장에서 기존의 마케팅 믹스인 4P's를 4C's로 대체하자는 주장이 있으며, 4C's는 제공자와 고객 간의 양방향 상호작용 중심이라는 경향을 가지고 있다.

(① ○ ② ×)

해 설 4C's는 Customer, Cost, Convenience, Communication을 의미하며 상호작용 성격이 있다.

정답 03 ④ 04 ①

PART 3 연결형

[05-06] 다음 설명이 의미하는 적합한 단어를 각각 선택하시오.

① 제품의 서비스화	② 프랜차이즈	③ 개별화
④ 고객이탈	⑤ 표준화	

05 융합상품의 개발 방식 중 정수기 판매회사에서 제품을 판매하는 대신 렌탈 서비스로 전환한 경우의 방식

( )

06 서비스 프로세스의 설계 방법 중 서비스 생산성 증가 목적으로 고객별 개성과 성향은 생각하지 않고 대량 서비스 또는 일관된 서비스를 지향하는 방법

( )

PART 5 통합형

[07-08] 다음을 읽고 물음에 답하시오.

미용사 : 어떤 스타일로 해드릴까요?
손　님 : 저번처럼 김태희 스타일로 해주세요.
미용사 : 앞머리는 이 정도로 짧고, 옆과 뒤는 목이 드러나도록 일직선인 단발머리 스타일이요?
손　님 : 앞머리는 그보다 약간 더 길게 해주세요.
미용사 : 커트가 끝났습니다. 마음에 드세요?
손　님 : 저번 스타일과 많이 다른 것 같아요. 뭔가 어색해요.
미용사 : 옆과 뒤를 조금 더 짧게 해드릴까요?

07 손님이 지난번 스타일과 다르다고 인식하는 이유는 서비스의 어떤 특성 때문인가?

① 무형성
② 이질성
③ 비분리성
④ 소멸성
⑤ 측정곤란성

정답 05 ① 06 ⑤ 07 ②

✦해 설 서비스는 제공자의 기분, 몸상태, 환경, 조건 등에 따라 품질이 달라질 수 있다. 따라서 서비스를 일정 수준 이상의 균일한 품질로 만들려는 노력과 고객마다 다른 이질적 욕구를 충족시켜주기 위해 고객 개개인별로 개별화시키는 과제가 중요하다.

08 **손님이 앞머리를 약간 더 길게 해달라고 요구하고, 지난번 스타일과 다르다고 하여 커트시간이 더 많이 소요되었다. 이처럼 고객관여 때문에 일정 통제가 어려운 것은 서비스의 어떤 특성 때문인가?**

① 무형성
② 이질성
③ 비분리성
④ 소멸성
⑤ 측정곤란성

✦해 설 생산과 소비가 분리되지 않고 동시에 일어나는 비분리성 때문이다. 즉, 서비스는 생산과 동시에 소비되기 때문에 고객이 서비스 공급에 참여하여 서비스 생산에 관여함으로써 서비스 제공자의 일정관리가 어렵다.

정답 08 ③

제 2 장 서비스 프로세스 설계 및 품질관리

1 서비스 품질의 측정

핵심 키워드

서비스 품질의 평가, 서비스 품질의 중요성, 서비스 품질의 분류(탐색 속성, 경험 속성, 신뢰 속성), 서비스 품질의 결정요인, 서비스 품질의 측정, 서브퀄(SERVQUAL) 모델, 카노(Kano)의 품질요소 분류(Kano 모형)

1. 서비스 품질의 이해

① 의의

㉠ 서비스 품질은 학자에 따라, 적용 상황에 따라 다양하게 정의되고 있다.

㉡ 서비스가 갖는 고유의 제 특성은 객관적인 품질의 평가가 용이한 재화와 달리 서비스 품질의 평가를 어렵게 만드는 요인이 된다.

㉢ 서비스의 품질은 객관적인 질이 아니라 주관적 질의 개념으로서 소비자가 평가하는 지각된 서비스 품질(perceived service quality)의 의미로 정의된다.

② 자이스믈(Zeithaml)은 지각된 품질의 개념을 서비스의 전체적인 우수성에 대한 소비자의 평가라고 정의하고 지각된 서비스 품질의 성격을 몇 가지로 규정하고 있다.

㉠ 서비스 품질은 객관적 질이 아니라 주관적으로 지각된 서비스 품질이다.

㉡ 서비스 품질은 상품의 구체적 속성이라기보다는 매우 추상적인 개념이다.

㉢ 서비스 품질은 태도와 유사한 개념 또는 태도의 한 형태로서 서비스에 대한 전체적인 평가를 나타내는 개념이다.

㉣ 서비스 품질은 소비자들에게 서로 대체관계에 있는 서비스 상품들 간의 상대적 우월성 또는 우수성에 따라 고/저로 평가된다.

2. 서비스 품질의 종합적 특성과 중요성

① 서비스 품질의 종합적 특성

㉠ 서비스 품질은 태도와 유사한 개념으로서 서비스의 우월성과 우수성에 대한 소비자의 전반적인 판단을 나타내는 추상적이고 다차원적인 개념이다.

㉡ 서비스 품질은 제품의 질에 비하여 평가하기 어렵다. 서비스 구매시에는 재화의 구매와 달리 품질을 평가할 수 있는 유형적 단서가 거의 없다. 대개 간접적 유형적 증거로서 서비스 제공자의 물리적 설비나 시설, 종업원 용모 정도로 제한된다.

㉢ 서비스 품질은 구체적인 속성에 바탕을 둔 객관적인 평가가 아니라 고객의 지각에 근거하여 주관적으로 평가되는 개념이다.

㉣ 서비스 품질은 서비스의 결과(outcomes)와 서비스 제공 과정(process)에 대한 평가를 포함한다.

㉤ 서비스 품질은 서비스 성과를 평가하는 준거가 되는 서비스 기대와 제공받은 서비스에 대한 고객의 지각된 성과 간의 비교에 의해 평가된다.

② 서비스 품질의 중요성

저원가	품질관리를 통한 예방과 교정 조치는 비용을 낮추고, 생산성을 증가시킴.
가격경쟁 회피	높은 서비스 품질로 알려진 기업들은 차별적 속성을 추가하고, 경쟁을 회피할 수 있음.
높은 고객충성도	서비스 품질은 고객만족과 고객충성도로 수익을 증가하고, 충성 고객을 확보해 주며, 고객과의 장기적 관계를 유지하는 데 기여
높은 시장점유율	충성 고객은 구전홍보에 기여하고, 최소비용으로 고객을 확대하고, 판매를 증가시켜, 높은 시장점유율을 확보
충성스러운 내부 고객	고객충성도와 수익성은 종업원의 만족과 상관성이 높음. → 만족한 종업들은 자부심과 소속감을 갖고 높은 서비스 품질을 전달
높은 수익	높은 서비스 품질은 높은 수익성에 기여

3. 서비스 품질의 분류

① 의의

㉠ 소비자가 제품이나 서비스를 평가할 때 고려할 수 있는 품질의 속성은 평가의 난이도에 따라 탐색품질, 경험품질, 신용품질로 구분할 수 있다.

㉡ 일반적으로 물리적인 제품은 탐색품질의 속성이 강하고, 무형의 서비스는 신용품질 또는 경험품질의 속성이 강하다.

② 탐색품질, 경험품질, 신용품질의 비교

품질 속성	개념	적용 사례	
		개인 서비스	기업 서비스
탐색품질 (탐색 속성)	• 소비자가 제품이나 서비스를 구매하기 전에 원하는 정보를 찾아봄으로써 쉽게 평가할 수 있는 속성 → 색상, 스타일, 느낌, 냄새, 가격 등 • 구매 이전에 서비스에 대한 정보를 획득하여 다양한 대안들을 비교 평가할 수 있으므로 탐색품질의 속성을 지닌 서비스는 수요탄력성이 높음.	신발, 보석, 냉장고, 화장품 등	원료, 부품, 사무용품, 공구 등
경험품질 (경험 속성)	소비자들이 소비 중이나 소비 후에 실질적인 경험을 통해서만 품질을 평가할 수 있는 속성	음식, 케이터링, 오락, 성형수술	건물관리, 운송·배달, 수리서비스 등
신용품질 (신뢰 속성)	소비자가 서비스를 제공받는 동안은 물론 서비스를 제공받은 후에도 품질을 평가하기 어려운 속성	교육, 병원진료, 투자 상담 등	광고, 보험, 재무분석, 컨설팅 등

③ 서비스 품질의 다면성

㉠ 서비스 품질의 인식은 서비스 전달 과정에 포함된 모든 관계자들에 의해서 이루어지는 지각이다.

㉡ 따라서 유형제품의 품질과 달리 서비스 품질은 제품 중심, 사용자 중심, 제조 중심, 가치 중심과 경험중심 등 다면적인 관점에서 고려된다.

제품 중심	측정 가능한 변수로써 품질을 강조 예 택배회사의 24시간 이내 배달이 품질에 대한 반응성을 측정할 수 있는 근거가 됨.
사용자 중심	품질은 보는 사람의 눈에 있다는 소비자의 관점 → 소비자들은 특정한 욕구와 필요를 갖고 있고, 선호도를 가장 잘 만족시키는 제품이 가장 높은 품질을 갖고 있다는 관점
제조 중심	제품은 사전에 결정된 품질사양에 따라 설계되고, 제조됨. → 품질은 설계사양과의 일치와 생산과정의 결과로써 지각
가치 중심	품질과 가치를 동일시함으로써 구매자의 가치지각은 품질이나 편익을 얻기 위해 가격을 지불했다고 보는 시각
경험 중심	서비스는 대체로 경험재이기 때문에 품질을 경험의 관점에서 접근 예 여행서비스는 직접 여행을 경험함으로써 품질 측정

4. 서비스 품질의 결정요인

① 개요

㉠ 그렌루스(Grönroos)는 서비스 품질을 소비자가 실제로 무엇을(What)을 제공받는가 하는 기술적 질(technical quality)과 서비스가 어떤 방법으로(How) 제공되는가 하는 기능적 질(functional quality)로 구분하였다.

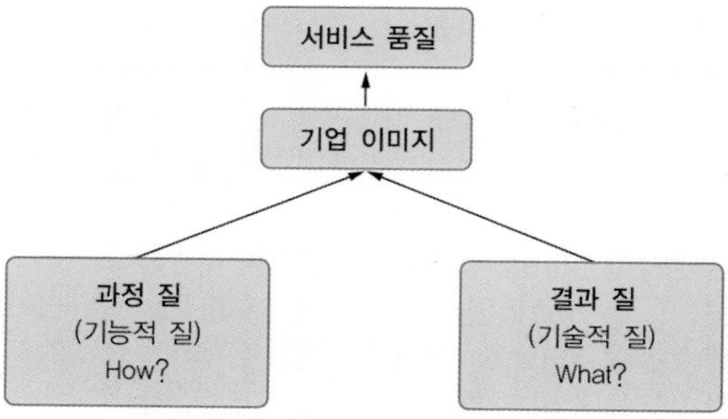

㉡ 이후 그는 기술적 질과 기능적 질로 구분했던 서비스 품질을 다시 결과 질과 과정 질로 재분류하였다.

② 결과 질과 과정 질

결과 질 (기술적 질)	서비스 거래의 결과를 나타내는 것으로서 고객이 서비스 거래를 통해 실제로 무엇을 제공받는가를 의미
과정 질 (기능적 질)	고객이 서비스 제공자로부터 서비스를 어떤 방법(절차 또는 과정)으로 제공받는가를 나타내는 것으로서 상호작용적 질이라고도 함.

③ 베리(Berry, Zeithaml & Parasurman)의 서비스 품질의 결정 요인

신뢰성	약속된 서비스를 정확하고 일관되게 수행하는 능력 → 제시된 약속의 정확한 이행, 대금 청구와 기록의 정확성, 서비스 시간의 엄수 등을 포함
반응성	고객을 돕고 즉각적인 서비스를 제공하려는 서비스 요원의 열의와 준비성 → 신속한 서비스 제공, 고객의 요구에 대한 신속한 응답조치 등 서비스의 적시성을 포함
능력	서비스를 수행하는 데 필요한 지식과 기술의 보유 → 서비스 직원들의 지식과 기술, 조직의 연구개발력 등을 포함
접근성	서비스 조직에 대한 접근 가능성과 접촉의 용이성 → 전화, 인터넷 등을 이용한 접근의 용이성, 대기시간, 영업시간, 입지의 편리성 등을 포함
예절성	고객접촉요원의 친절성이나 정중함, 사려심 → 고객접촉요원들의 단정한 용모, 고객에 대한 배려 등을 포함
커뮤니케이션	고객이 이해할 수 있는 언어로 정보를 제공하고 고객의 말에 귀를 기울여야 함. → 서비스나 서비스 비용에 대한 설명, 고객의 고충처리 보장 등
신용성	서비스의 진실성과 정직성, 신용성 → 회사의 명성이나 회사명, 접객요원들의 정직성 등이 신용성을 결정지음.
안전성	거래에 따른 위험이나 의심이 없어야 함을 의미 → 육체적·금전적 안전성과 서비스 관련 비밀성 유지 등을 포함
고객 이해	고객의 욕구를 이해하려는 노력 → 고객의 구체적인 요구에 대한 학습, 개인화된 관심, 단골 고객의 확인 등을 포함
유형성	서비스 평가를 위한 물적 증거 → 물리적 시설, 구성원들의 용모, 각종 설비, 신용카드, 서비스 표현물, 다른 고객들 등을 포함

④ 상호작용 질, 결과 질, 물리적 환경 질

㉠ 브래디와 크로닌(Brady & Cronin)은 서비스 품질 차원을 상호작용 질, 결과 질, 물리적 환경 질의 세 가지 차원으로 분류하였다.

㉡ 비교

상호작용 질	종업원과 고객과의 상호작용 과정에서 발생하는 종업원의 친절, 신뢰, 반응, 신속성 등 → 과정 질 또는 기능적 질 요소를 포함하는 것 예 레스토랑의 경우 주문한 음식이 어떻게 제공되고 종업원이 얼마나 친절한가 등
결과 질	서비스 제공을 통해 얻어지는 기술적 산출 요소를 말함. 예 레스토랑의 경우 제공된 음식의 맛이나 양
물리적 환경 질	서비스를 제공하기 위한 유형적·물리적 환경 요소로서 건물, 시설, 인테리어, 실내 청결성, 종업원 용모 등

5. 서비스 품질 측정과 서브퀄(SERVQUAL) 모델

① SERVQUAL의 이해

서비스 품질을 측정·평가하기 위한 모형으로는 파라슈라만 등(PZB : Parasuraman, Zeithaml, Berry)에 의해 개발된 서브퀄 모델이 대표적이다.

② 소비자들은 많은 요인으로 서비스를 평가하는 데 가빈(Garvin)은 제품과 서비스에 8개의 차원으로 서비스 품질을 평가하였다.

성능	편익이나 수행 성과 → 항공사의 경우 운항의 안전성, 서비스 속도와 대기시간 등
특징	서비스의 핵심적인 수행 기능
신뢰성	약속을 전달할 수 있는 제품의 가능성 정도
일치성	설계 기준을 충족하는 전달품질
내구성	서비스가 일관적으로 편익을 전달할 수 있는 정도
유용성	정상적인 상태를 유지하거나 서비스 회복을 쉽게 할 수 있는 정도
심미성	제품 외양, 디자인, 촉감과 느낌의 척도
지각된 품질	소비자들이 주관적으로 지각한 품질

③ 파라슈라만 등(PZB)은 가빈의 모형을 수정하여 SERVQUAL 모델을 서비스 품질 측정 이론으로 제시하였다.

④ SERVQUAL 모델은 기대된 서비스와 지각된 서비스 성과를 비교하여 그 차이(gap)에 의해 소비자의 지각된 서비스 품질을 측정한다.

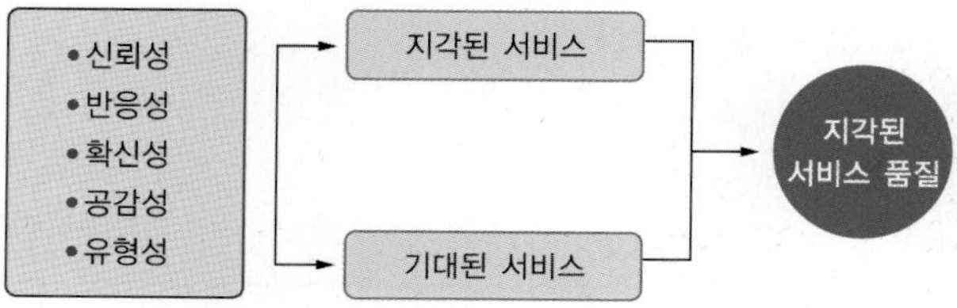

⑤ 5개 품질 차원(신뢰성, 반응성, 확신성, 공감성, 유형성)에 대해 22개 항목으로 구성된 서비스 품질 평가척도(SERQUAL)로 구성되어 있다.

평가차원	평가 항목
유형성	1. XYZ기업은 최신 장비를 갖추고 있다. 2. XYZ기업의 물리적 시설은 시각적으로 보기에 좋다. 3. XYZ기업 종업원들은 옷차림과 용모가 단정하다. 4. XYZ기업은 업무에 적합한 시설과 분위기를 갖추고 있다.
신뢰성	5. XYZ기업은 정해진 시간에 무엇을 하기로 약속하면 반드시 지킨다. 6. 고객에게 문제가 있을 때, XYZ기업은 관심을 갖고 해결해 준다. 7. XYZ기업은 믿음직스럽다. 8. XYZ기업은 약속한 제 시간에 서비스를 제공해 준다. 9. XYZ기업은 업무 기록을 정확하게 유지하고 있다.
반응성	10. XYZ기업은 고객들에게 언제 업무 처리를 해 줄 것인지를 말해 준다. 11. XYZ기업 직원들은 고객에게 즉각적인 서비스를 제공해 준다. 12. XYZ기업 직원들은 항상 기꺼이 고객을 도와준다. 13. XYZ기업 직원들은 아주 바쁠 때에도 고객의 요구에 신속하게 반응한다.
확신성	14. 고객은 XYZ기업의 직원들을 신뢰한다. 15. 고객은 XYZ기업과 거래할 때 안전함을 느낀다. 16. XYZ기업 직원들은 정중하다. 17. XYZ기업 직원들은 고객의 질문에 답변할 충분한 지식을 가지고 있다.
공감성	18. XYZ기업은 고객에게 개별적인 관심을 가져 준다. 19. XYZ기업은 고객이 이용하기 편리한 영업시간으로 운영한다. 20. XYZ기업 직원들은 고객에게 개인적인 관심을 갖는다. 21. XYZ기업은 고객의 이익에 대해 진심으로 생각해 준다. 22. XYZ기업의 직원들은 고객의 니즈(욕구)를 잘 이해하고 있다.

※ 1. 모든 평가 항목은 다음과 같은 7점 리커트형 척도로 응답된다.

전혀 동의하지 않는다. 보통이다. 전적으로 동의한다.

① ______ ② ______ ③ ______ ④ ______ ⑤ ______ ⑥ ______ ⑦

2. SERVQUAL에서 기대 평가 항목은 5개 차원 22개 질문항목에 대하여 모두 "우수한 XTZ기업은 ~일 것이다"의 형식으로 구성된다.

⑥ SERVQUAL 모델의 서비스 품질 구성 요인 5가지 차원

신뢰성	약속을 신뢰하게 하며, 정확하게 제공하는 능력
반응성	고객을 기꺼이 돕고, 서비스를 신속하게 제공하는 능력
확신성	서비스제공자들의 역량, 예의, 신뢰, 안전
공감성	고객에게 공감하고, 개인적인 배려를 하는 능력
유형성	건물, 시설, 장비, 사람, 커뮤니케이션 등 물적 증거의 외양

6. e-SERVQUAL 모델의 이해

① e-SERVQUAL 모델은 전통적인 서비스 품질에 근거하여 온라인 시장에서 파생된 서비스 품질 척도이다.

② 웹사이트 디자인과 상호작용의 시스템 품질, 정보 품질, 안전, 반응성, 신뢰 공감 등을 포함한다.

③ e-SERVQUAL의 구성 요소와 설명

구성 요소	정의	설명
디자인	사이트의 시각적 매력과 우수한 디자인에 대한 고객 지각의 정도	매력성, 스타일 일관성, 색상, 글자, 매체의 적절한 사용
사용성	사이트 사용과 검색의 용이성에 대한 고객 지각의 정도	쉬운 검색, 제한된 스크롤, 설명의 이용성
정보 품질	유용성과 콘텐츠 품질의 고객 지각	정보의 유용성, 정확성, 회신성과 과업에 대한 적합성
서비스 신뢰성	수행의 신뢰성과 서비스 약속의 정확성	확인 메일, 주문 추적 가능, 약속 전달, 서비스 수행
반응성	고객도움 요청에 대한 반응 정도	고객문제 해결에 진지한 관심을 보이는 질문에 대한 반응
확신성	사이트 신뢰성에 대한 고객 지각	개인정보보호, 안전정책의 이용성, 평판과 제3자 보증
개인화	개인의 욕구와 선호를 충족하는 개별적 주의와 차별화	개인화된 콘텐츠와 맞춤화 제품

7. 카노(Kano)의 품질요소 분류(Kano 모형)

① 의의

㉠ 오늘날 대부분의 소비자들은 제품의 미비한 부분에 대해서는 불만을 가지면서도 충분한 경우에는 당연하다고 느낄 뿐 만족감을 가지지 않는 경향이 있다.

㉡ 이러한 상황을 체계적으로 설명하기 위하여 Kano 등은 품질의 이원적 인식방법을 제시하였고 품질요소를 다섯 가지로 구분하였다.

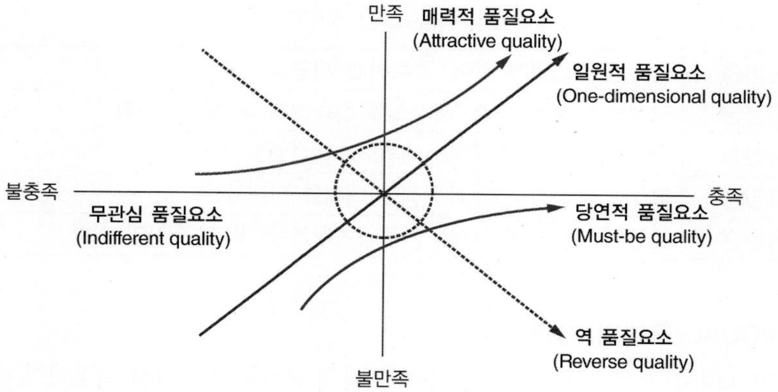

㉢ Kano는 이러한 품질요소를 확인하기 위한 설문지 조사법을 제안하였다. 설문지의 모든 문항은 긍정적 질문과 부정적 질문의 짝으로 되어 있다.

② 품질요소의 분류

매력적 품질요소	• 충족이 되면 만족을 주지만 충족되지 않더라도 하는 수 없다고 받아들이는 품질요소 → 고객이 미처 기대하지 못했던 것을 충족시켜 주거나, 고객이 기대했던 것이라도 고객의 기대를 훨씬 초과하는 만족을 주는 품질요소로서 고객 감동의 원천 • 고객은 이러한 품질요소의 존재를 모르거나 기대하지 못했기 때문에, 충족이 되지 않더라도 불만을 느끼지 않음.
일원적 품질요소	충족이 되면 만족, 충족되지 않으면 불만을 일으키는 품질요소로서 일반적으로 말하는 품질의 개념
당연적 품질요소	• 최소한 마땅히 있을 것으로 생각되는 기본적인 품질요소 → 충족이 되면 당연한 것으로 생각되기 때문에 별다른 만족감을 주지 못함. • 충족이 되지 않으면 불만을 일으키는 품질요소이므로 당연적 품질요소는 불만 예방 요인이라고 볼 수 있음.
무관심 품질요소	충족되든 충족되지 않든 만족도 불만도 일으키지 않는 품질요소
역(逆) 품질요소	• 충족이 되면 불만을 일으키고, 충족이 되지 않으면 만족을 일으키는 품질요소 • 서비스나 제품의 물리적 요건이 충족되었는데도 불만을 하거나 충족되지 않았는데도 만족을 일으키는 품질요소 • 예를 들어 스마트폰을 사용하는 대다수의 고객은 다양한 기능과 성능을 선호하지만 누군가는 부가기능이 많으면 복잡하다고 불만을 갖게 됨.

2 서비스 GAP 진단

핵심 키워드

서비스 GAP 분석 모형의 개념, GAP 분석 모형의 구성, 서비스 GAP 진단

1. 개요

① 의의

㉠ 고객은 자신이 기대한 서비스와 제공받은 서비스를 비교하여 서비스 품질을 평가하게 된다.

㉡ 만일 서비스 품질이 나쁘게 인식되면 고객은 불만족하게 되고 그 결과로써 다른 서비스 기업을 찾거나(고객 이탈) 다양한 형태의 불평 행동을 전개하게 된다.

㉢ 반대로 서비스 품질을 좋게 평가하게 되면 고객은 만족하게 되고 그 결과로써 재구매 의도와 기업에 대한 충성도가 형성되어 긍정적 구전을 한다.

② GAP 분석 모형

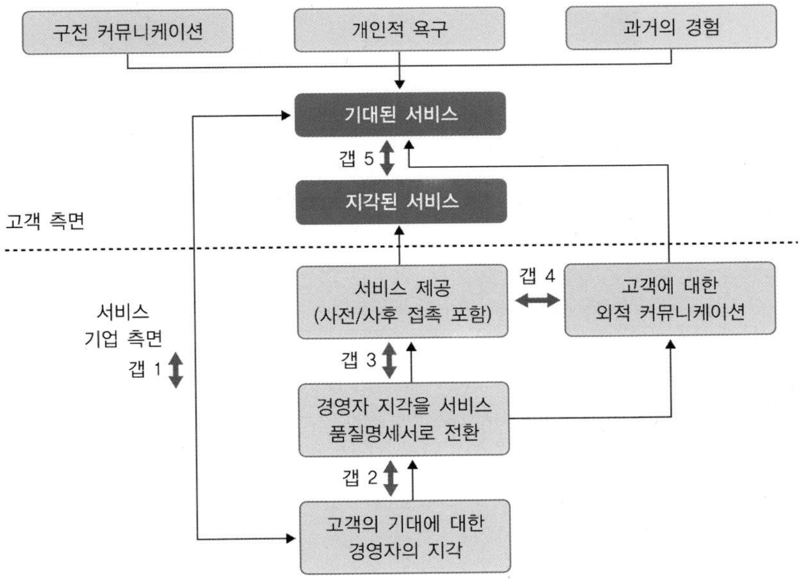

③ GAP 분석 모형의 구성

㉠ 갭 분석 모형에는 잠재적인 다섯 가지의 갭이 있는데, 점선 표시는 서비스 기업 쪽에서 발생하는 네 개의 갭(1~4)과 고객 쪽에서 발생하는 한 개의 갭(5)을 구분해 주고 있다.

㉡ 고객이 지각하는 서비스 품질은 조직 안에서 발생하는 일련의 네 가지 갭에 의해 영향을 받는다.

㉢ 이들 네 가지 갭의 크기(고/저)와 방향(+/−)에 따라 갭 5, 즉 기대된 서비스와 지각된 서비스의 차이가 결정되고 이로써 지각된 서비스 품질 수준이 결정된다.

㉣ 서비스 품질의 평가

지각된 서비스 수준이 기대된 서비스보다 낮을 때(−)	서비스 품질을 부정적으로 평가
지각된 서비스 수준이 기대된 서비스보다 높을 때(+)	긍정적으로 평가
기대된 서비스와 지각된 서비스 성과가 일치할 때(0)	기대한 대로 서비스가 제공됨을 의미

㉤ 지각된 서비스 품질의 수준을 나타내는 갭 5는 갭 1에서 갭 4까지의 각 단계에서 발생한 네 가지 갭들의 가법적인(누적적인) 합이 된다.

$$갭\ 5 = f\,(갭\ 1,\ 갭\ 2,\ 갭\ 3,\ 갭\ 4)$$

④ GAP 분석 모형의 활용

㉠ 갭 분석을 통해 서비스 기업이 품질 문제를 야기하는 네 가지 갭의 원인을 파악할 수 있도록 해준다.

㉡ 품질 문제의 원인을 파악하고 그 갭을 줄일 수 있는 전략을 개발함으로써 서비스 품질을 향상시킬 수 있게 해 준다.

2. 서비스 GAP 진단

① 갭 1 : 고객의 기대와 경영자 지각의 차이

특징	고객의 기대와 기업 경영자의 인식 간의 차이 → 서비스 기업의 경영자를 포함하는 서비스 제공자가 고객이 기대하는 바를 제대로 인식하지 못하고 있는 상황
원인	• 고객과의 직접적인 상호작용이 없는 경우 • 고객의 기대를 알려고 하는 의지가 없는 경우 • 고객 기대에 응할 준비가 안 된 경우
결과	고객의 기대에 대한 잘못된 인식은 결과적으로 고객 기대에 미치지 못하는 서비스 성과를 가져오게 됨.
대응 방안	• 고객들과의 커뮤니케이션 • 마케팅조사 실시 • 상향적 커뮤니케이션 활성화 • 결재 단계의 축소 • 관계마케팅의 강화

② 갭 2 : 경영자의 지각과 서비스 품질명세서의 차이

특징	고객의 기대에 대한 경영자의 지각과 양질의 서비스 제공을 위한 서비스 품질명세서 간의 갭 → 경영자가 고객의 기대를 정확히 이해하고 있지만 이를 정확한 서비스 품질명세서, 즉 고객 중심적 서비스 설계 및 표준으로 전환시키지 못해 문제가 되는 경우
원인	• 기업 자원의 제약 • 고객의 욕구보다 시장의 경쟁 상황에 대응한 서비스 전략 전개 • 경영진의 무관심 • 서비스에 대한 표준 설정이 불가능한 것으로 인식하는 태도
결과	서비스 품질명세서는 서비스 접점에 있는 종업원을 평가하고 보상하는 기준이 되며, 서비스 품질에 결정적인 영향을 미침.
대응 방안	• 최고경영자의 관심 • 서비스 품질목표의 설정 • 업무 표준화

③ 갭 3 : 서비스 품질명세서와 실제 서비스 제공의 차이

특징	• 서비스 기업이 제공하고자 하는 서비스 품질명세서와 고객에게 실제로 제공된 서비스 간의 갭 → 서비스 자체가 가지고 있는 가변성과 비분리성에서 기인 • 서비스는 사람에 의해 수행되기 때문에 서비스 품질은 서비스 제공자가 얼마나 자신의 직무를 잘 수행하느냐에 좌우됨.
원인	• 서비스 품질명세서에 대한 종업원들의 인식 부족 • 종업원들의 서비스 수행에 필요한 능력과 자질의 부족 • 서비스 명세서의 지침에 따라 종업원들이 서비스를 제공할 의지가 없는 경우
결과	종업원들이 서비스 품질명세서에 명시된 대로 서비스를 제공하지 않을 경우 고객들의 기대를 충족시킬 수 없게 되고 결과적으로 고객들은 불만족하게 됨.
대응 방안	• 종업원들의 팀워크 제고 • 종업원과 직무의 적합성 • 기술과 직무의 적합성 • 경영자의 통제시스템 개발 • 역할갈등의 감소 • 역할의 모호성 감소

④ 갭 4 : 실제 서비스 제공과 외부 커뮤니케이션의 차이

특징	고객에게 실제 제공된 서비스와 그 서비스에 대한 외부 커뮤니케이션 내용 간의 차이 → 기업은 광고나 판매 촉진, 인적판매 등의 커뮤니케이션 활동을 통해 고객들에게 약속을 하며, 고객의 기대를 형성
원인	• 제공된 서비스에 대한 조직 내 부서 간의 수평적 커뮤니케이션의 문제 → 부서 간 원활한 커뮤니케이션의 부재, 고객 창출에 대한 경쟁 치열 • 고객에 대한 과대 약속
결과	서비스 기업이 약속된 서비스를 제대로 제공하지 못하면 고객 기대와 제공된 서비스 간에 갭 발생
대응 방안	• 서비스 제공 부서와 광고·홍보부서, 영업부서의 임직원들 간의 긴밀한 협조관계 → 원활한 수평적 커뮤니케이션 유지 • 고객들에게 과대 약속을 하지 않도록 주의

⑤ 갭 5 : 서비스 기대와 서비스 지각의 차이

특징	고객들에게 기대된 서비스와 지각된 서비스 간의 차이 → 갭 1에서 갭 4까지 각 단계에서 발생하는 네 가지 갭의 합
결과	고객에게 지각된 서비스 품질은 갭 5의 크기와 방향에 따라 결정
대응 방안	서비스 종업원은 고객의 기대와 지각 사이에 존재하는 고객 갭을 줄임으로써 지각된 서비스 품질을 높여야 함. → 네 가지 갭을 감소시키기 위한 노력이 결합되어야 함.

3 서비스 R&D 분석

핵심 키워드

서비스 R&D의 개념, 서비스 R&D의 범주, 서비스 R&D의 유형

1. 개요

① 서비스 R&D의 개념

㉠ R&D(Research and Development)는 연구 활동과 개발 활동을 의미한다.

연구(R) 활동	• 제품 또는 공정 개발을 목표로 지식의 증대, 현상 또는 관찰된 사실의 체계적 이해 등을 의미 • 기초 연구 활동 → 국가, 대학, 비영리 기관 등에서 주로 이루어짐. • 응용 연구 활동 → 구체적인 상업적 목적을 갖고 지식 증대를 목표로 하는 활동
개발(D) 활동	연구에서 얻어진 지식을 체계적으로 활용하는 활동

ⓛ 서비스 R&D란 서비스 상품 및 서비스 전달체계 개발과 관련한 기초 및 응용 연구, 개발 활동을 의미한다.

② 서비스 R&D의 개념과 프로세스

투입(Input)	중간 산출(Thruput)	산출(Output)
서비스 R&D	비(非)기술 혁신	신 서비스 및 신 공정
• 기초 연구(R) • 응용 연구(R) • 개발(D)	• 새로운 기량(skill) • 새로운 사업모델 • 조직 변화	• 생산성 향상 • 부가가치 제고 • 시장 확대

2. 서비스 R&D의 범주

기초 연구	응용 연구		개발 연구(정책적 필요성)
서비스 이론 (Service Theory) 인간 및 사회에 대한 연구 (Human aspect of Service)	서비스 디자인	서비스 디자인 방법론	융합을 통한 신 서비스 개발
	서비스 경영 효율화	• 서비스 프로세스 엔지니어링 연구 • 서비스 관리를 위한 연구	중소 서비스 기업의 경쟁력 강화 (도소매, 식당업, 숙박업)
			공공서비스 혁신을 위한 연구
	서비스와 제품의 결합	제품과 서비스 융합 방법론(PSS)	서비스 수출을 위한 연구

3. 서비스 R&D의 요건 및 판단 기준

대상 및 목적	서비스를 대상으로 하여, 기존의 방안으로 달성하기 어려운 새로운 서비스의 제공을 추구 → 단순히 경험이나 노하우 적용을 통해 서비스의 질을 제고하는 활동과 구분
수행방법	R&D의 특성을 반영하고, 경험이나 전문가 직관에 의존하는 방법이 아닌 과학적 · 체계적 방법 적용 → 이공학적 방법론뿐만 아니라, 인문사회과학적 방법론도 포함
융합	서비스를 중심으로 타 요소와 긴밀한 융합 추구 → 서비스에 대하여 기술, 제품화, 문화 등 다양한 요소를 결합하여 새로운 가치 창출

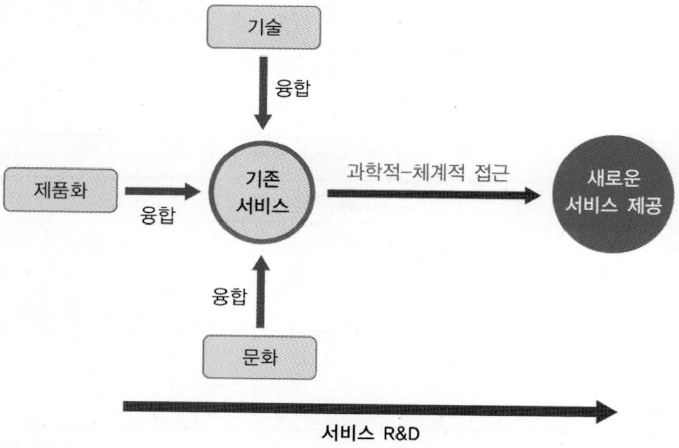

4. 서비스 R&D의 유형

① 의의

서비스 R&D는 제공되는 서비스와 서비스 대상 고객을 기준으로 서비스 개선형, 서비스 확장형, 고객 확장형, 서비스 창출형으로 구분된다.

고객 \ 서비스	기존	신규
신규	고객 확장 (유형 3)	서비스 창출 (유형 4)
기존	서비스 개선 (유형 1)	서비스 확장 (유형 2)

② 유형별 특징

서비스 개선형 (유형 1)	기존에 제공되는 서비스의 전달체계를 개선하거나 인문·사회과학적 요소를 결합하여 더 고품질의 서비스를 제공하기 위한 연구 개발 활동 예 기존 기상정보를 활용한 개인·기업 맞춤형 서비스 모델 개발, 외국관광객에 대한 맞춤형 관광코스 개발 등
서비스 확장형 (유형 2)	기존의 서비스를 기반으로 파생된 신규 서비스를 기존의 고객들에게 제공하기 위한 연구 개발 활동 예 새로운 IT 기술 발전에 의한 신유형의 방송 서비스 및 이동통신 서비스, 유전체 기술을 활용한 개인 맞춤의료 진단 치료 서비스 개발 등
고객 확장형 (유형 3)	• 한정된 고객에게 제공되고 있는 서비스를 전달체계 개선, 비용 절감, 맞춤형 상품화를 통해 더 많은 고객에게 제공하기 위한 연구 개발 활동 • e-learing을 통한 교육 서비스 대상 확대, MICE(국제행사 유치) 산업과의 융합을 통한 관광 상품 개발
서비스 창출형 (유형 4)	• 서비스와 기술, 제품, 문화, 지식의 결합 혹은 융합으로 기존에 제공되지 않았던 신규 서비스를 창출하여 새로운 시장을 개척하기 위한 연구 개발 활동 • 3D 가상현실 또는 증강현실을 활용한 문화재 체험 서비스, 센서 기술 및 시뮬레이션 구현 기술 등을 접목한 스포츠 등

4 서비스 프로세스 모델링

핵심 키워드

서비스 프로세스의 개념, 서비스 프로세스 분류(슈메너), 서비스 청사진

1. 서비스 프로세스 개요

① 서비스 프로세스의 개념

㉠ 서비스 프로세스(service process)는 서비스가 제공되는 절차나 메커니즘 또는 활동들의 흐름을 의미한다.

㉡ 서비스가 제공되는 일련의 과정을 의미하는 서비스 프로세스는 어떤 투입물을 변환시켜 산출물을 제공하는 서비스 시스템으로 이해할 수 있다.

② 서비스 프로세스의 예시

서비스 유형	투입 요소	변형 과정	산출물
미용	미용사, 가구, 화장품	커트, 퍼머, 화장	단정한 용모
의료	의사, 간호원, 장비, 약	진찰, 치료	건강 회복
자동차 수리	정비사, 부품, 장비	검사, 부품 교체	수리된 자동차
영화	기사, 장비	영화 상영	즐거움, 정서
은행	은행원, 장비, 금고	예금, 대출, 투자, 보증	이자, 대출, 보관
항공	기장, 승무원, 비행기	운항, 수송, 기내 서비스	거리 이동
교육	강사, 기기, 자료	강의	지식, 경쟁력

2. 서비스 프로세스의 분류

① 의의

㉠ 로저 슈메너(Roger Schmenner)는 서비스 프로세스의 특징에 근거한 서비스 산업을 분류한 서비스 프로세스 매트릭스(service process matrix)를 제시하였다.

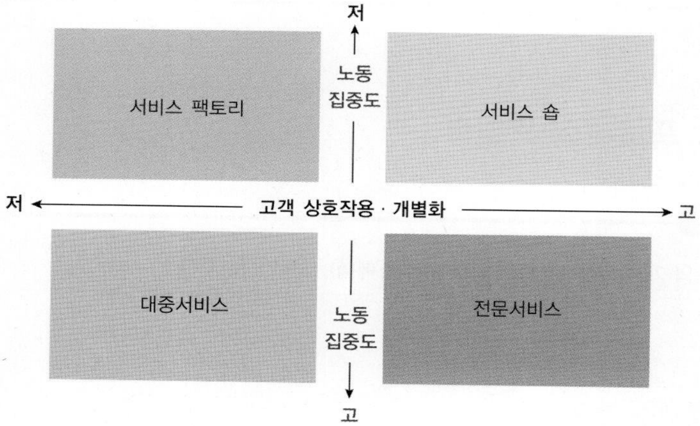

㉡ 노동집중도는 서비스 제공에 필요한 장치나 설비 등 자본에 대한 의존도와 비교하여 사람(노동)에 의존하는 정도의 상대적 비율을 의미한다.

㉡ 고객 상호작용은 고객이 서비스 프로세스에서 개입할 수 있는 정도를 나타낸다.

㉢ 개별화는 고객의 개인적인 욕구와 특별한 선호를 충족하기 위해 서비스를 변경하는 능력이다.

② 서비스 프로세스 매트릭스의 이해

서비스 팩토리	• 노동집중도, 고객 상호작용과 개별화가 모두 낮음. → 고객과 종업원 간의 낮은 접촉은 표준화된 서비스 제공이 높은 경우임. • 규모의 경제를 이용하고, 비용이 적게 드는 미숙련 근로자를 고용 • 고객이 프로세스에 참여한다면 셀프 서비스를 이용할 때임. → 세탁, 리조트, 오락 등
서비스 숍	• 노동집중도는 낮으나, 고객 상호작용과 개별화는 높음. → 고객의 독특한 요구와 선호가 반영됨. • 장비는 다양하고 전문화된 서비스의 요구를 다룰 수 있어야 함. → 병원, 호텔, 레스토랑, 수리 서비스 등
대중서비스	• 노동집중도는 높으나 고객 상호작용과 개별화는 낮음. • 자동화가 달성되기 어렵게 때문에 자본집중도는 낮고, 노동집중도는 높음. → 소매와 도매, 많은 관중이 보는 경기, 학교의 대강당 강의 등
전문서비스	• 노동집중도와 고객 상호작용, 개별화가 모두 높음. • 전문가들은 고객의 개별적 욕구를 이해하고, 진단하기 위해 고객과 자주 상호작용을 함. → 의사, 변호사, 회계사, 건축가, 미용사 등

③ 서비스 프로세스의 특징

서비스 프로세스	전문서비스	서비스 숍	대중서비스	서비스 팩토리
개별화의 정도	고	←→		저
재량권의 정도	고	←→		저
기술집중도	효과성	←→		효율성
노동집중도	고	←→		저
자본집중도	저	←→		고
시설의 위치	분산	←→		집중
시설의 배치	고객지향	←→		효율성 지향
변동성의 처리 능력	고	←→		저
근로자의 기술적 능력	고	←→		저
근로자의 대인 능력	고	←→		저

3. 서비스 청사진

① 개념

㉠ 서비스 청사진(service blueprint)은 서비스를 생산하고 제공하는 데 필요한 모든 활동과 절차를 망라하여 묘사하고 설명해 놓은 것을 말한다.

㉡ 핵심 서비스 프로세스를 그 특성이 나타나도록 객관적으로 설명해 놓은 것으로 서비스를 제공하는 절차와 각 단계별 종업원과 고객의 역할 및 서비스 요소 등을 시각적으로 표현한 것이다.

② 서비스 청사진의 활용

㉠ 서비스 청사진은 서비스 시스템을 이해하고 서비스를 구성 요소별로 구분해볼 뿐만 아니라 종업원의 업무수행 방법과 고객이 경험하는 서비스 증거를 제시해 준다.

㉡ 서비스 청사진은 서비스를 설계 또는 재설계하거나 어떤 목표 달성을 위해 서비스 시스템을 체계적으로 운영하고자 할 때 유용하다.

③ 서비스 청사진의 구성 요소

㉠ 자이스믈과 비트너(Zeithaml & Bitner)는 호텔숙박 서비스 청사진의 예를 제시하였다.

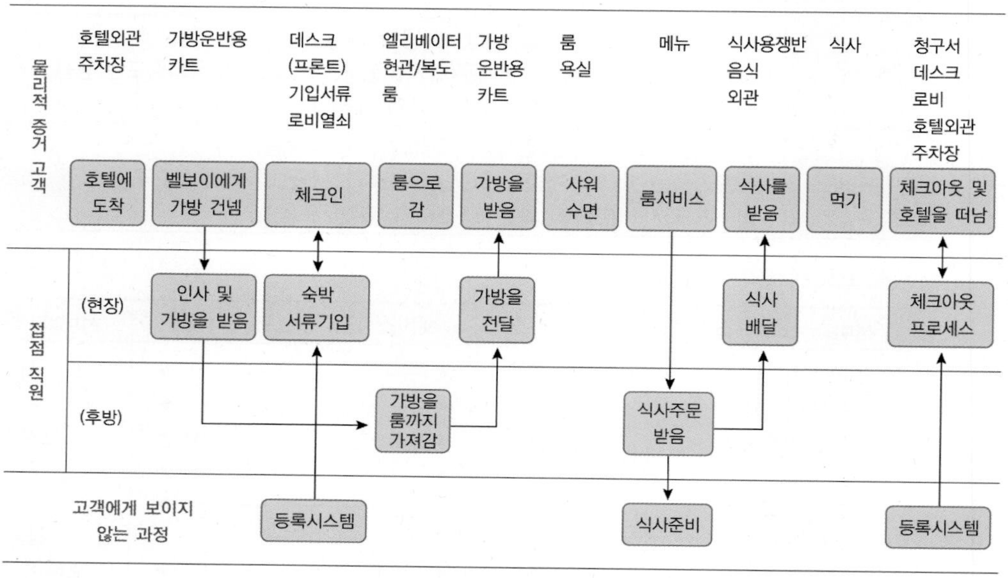

㉡ 첫 번째 수평선은 고객과 접점 종업원 간의 직접적인 상호작용을 나타낸다. 상호작용선을 가로지르는 수직선은 고객과 접점 종업원의 서비스 접점을 의미한다.

㉢ 두 번째 수평선은 고객에게 보이는 서비스 활동과 보이지 않는 서비스 활동을 구분하는 가시선을 나타낸다. 이 선은 접점 종업원과 후방 종업원의 활동을 구분하여 이 선을 기준으로 고객이 물리적 증거를 제공받는지 여부를 알 수 있다.

㉣ 세 번째 수평선은 서비스 지원활동과 종업원의 활동을 구분하는 내부 상호작용선을 나타낸다. 내부 상호작용선을 가로지르는 수직선은 내부적 서비스 접점을 의미한다.

5 서비스 프로세스 개선 방안 수립

핵심 키워드

서비스 프로세스의 설계, 고객접촉 행렬, 서비스 프로세스의 재설계

1. 효과적인 서비스 프로세스의 설계

① 효과적인 서비스 프로세스를 설계하기 위해서는 프로세스 구조, 고객 참여, 자원의 유연성과 자본 집중도에 대한 프로세스 의사결정을 고려한다.

② 서비스 프로세스 설계의 요소

프로세스 구조	자원을 어떻게 할당하는지를 결정하는 과정
고객 참여	고객들이 프로세스의 일부가 되는 방식과 참여의 정도를 반영
자원의 유연성	종업원들이 장비, 다양한 제품, 산출 수준, 의무와 기능을 다루기 쉬운 정도를 나타냄.
자본 집중도	장비와 인간기술의 배합 → 장비의 상대적 비용이 더 클수록 자본집약도는 커짐.

2. 서비스 차원에 따른 고객접촉

① 고객접촉은 서비스 프로세스 중에 고객이 현재 있고, 적극적으로 관여하고, 개인적인 주의를 받는 정도이다.

② 서비스 차원에 따른 접촉 정도에 따라 제공된 서비스의 품질에 대한 고객 태도가 형성된다.

차원	고접촉	저접촉
물리적 존재	존재	부재
처리 대상	사람	소유나 정보
접촉 강도	활동적, 가시적	수동적, 비가시적
인적 관심	인적 접촉 지향	비인적 접촉 지향
전달 방법	대면	우편이나 이메일

③ 서비스 프로세스에 대한 고객접촉 행렬

㉠ 크래주스키 등(Krajewski, Rizman, Malhotra)이 제시한 고객접촉 행렬은 서비스 프로세스를 평가하고, 개선하는 출발점이다.

㉡ 고객접촉 행렬은 고객접촉의 정도, 개별화와 프로세스의 특징을 결합하여 프로세스의 특징을 판단하는 데 유용함을 제공해준다.

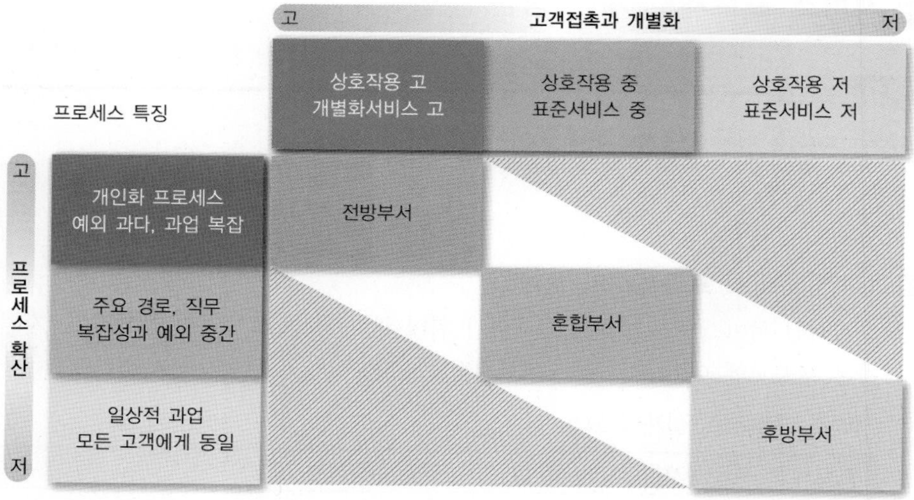

㉢ 고객접촉 행렬의 구조

전방부서 프로세스	• 내부나 외부고객과 직접적으로 상호작용을 하며 고객접촉이 높음. • 서비스의 개별화와 다양한 서비스 선택으로 많은 단계를 거치며 확산성이 높음. • 작업 흐름이 유연하며 높은 접촉 서비스 프로세스는 각 고객에게 적용하거나 맞춤서비스를 제공
후방부서 프로세스	• 고객접촉과 개별화가 모두 낮음. • 작업은 서비스가 완료될 때까지 선형흐름으로 표준화되고 있고, 일상적이라 확산성이 낮음.
혼합부서 프로세스	고객접촉과 표준서비스의 중간 수준

3. 서비스 프로세스의 재설계

① 의의

㉠ 서비스 프로세스의 재설계란 비용, 품질, 서비스와 속도에 의해서 성과를 향상하기 위한 기본적인 재생각(rethinking)과 새로운 설계를 의미한다.

㉡ 프로세스 재설계는 개선보다는 재발전에 가까우며 성공적인 재설계는 큰 이익을 가져올 수 있고, 지속될 수 있다.

② 재설계의 핵심 요소

결정적 프로세스	재설계는 핵심 사업을 중심으로 이루어짐.
강력한 리더십	경영자는 재설계가 성공적이기 위해 강력한 리더십을 발휘해야 함.
다기능 팀	재설계 프로젝트를 수행할 팀을 구성하며 팀의 권한과 규칙을 설정
정보기술	정보기술은 프로세스 설계를 조정하는 역할 수행
새로운 출발	고객이 원하는 방식으로 재설계하여 새롭게 출발
프로세스 분석	조직 전체에 걸쳐 프로세스 안에 관여된 모든 절차를 공유

③ 서비스 프로세스 재설계의 5가지 노력 방안

구분	기업 혜택	고객 혜택	한계점
가치 창출에 기여하지 않는 단계 제거	• 효율성 상승 • 생산성 상승 • 고객별 서비스 제공	• 효과성과 속도 증가 • 고객으로부터 기업으로 업무 전가 • 고객별 서비스	• 원활한 실행을 위해 고객과 직원의 교육 필요
셀프서비스로의 전환	• 비용 감소 • 생산성 감소 • 기술에 대한 평판	• 서비스의 속도 증가 • 접근성 향상 • 비용 감소 • 통제력 증가	• 고객 역할 수행을 위한 준비 필요 • 관계 형성을 위한 대면 기회 부족 → 피드백 부재
서비스를 고객에게 직접 전달	• 위치적 한계 극복 • 고객 기반 확장	• 편의성 증가 • 접근성 증가	• 물류 부담 • 비용 증대 • 신뢰도 필요
일괄 서비스	• 고객 유지 • 고객당 서비스 이용 증대	• 편의성 증가 • 고객별 서비스	• 고객에 대한 광범위한 이해 필요 • 비경제적으로 인지될 수 있음.
물리적 측면의 재설계	• 직원 만족 증가 • 생산성 증가	• 편의성 증가 • 기능의 향상 • 흥미 유발	• 모방이 쉬움. • 많은 비용 소요 • 고객의 기대 상승

서비스 프로세스 설계 및 품질관리

제 2 장 단원 기출문제

PART 1 일반형

01 다음 중 서비스 품질 측정이 어려운 이유로 적절하지 않은 것은?

① 서비스 품질은 주관적임
② 전달 이전에 테스트가 어려워서
③ 고객으로부터 서비스 품질에 대한 데이터 수집이 어려워서
④ 고객은 프로세스의 일부이며 변화 가능성이 있는 요인이므로
⑤ 자원이 고객과 분리되어 이동하므로 고객이 자원의 변화를 파악하기 어려워서

해설 자원이 고객과 함께 이동하므로 고객은 자원의 변화를 관찰할 수 있다.

02 서비스의 기본적 속성 중 상담, 수술, 금융 투자, 기획 서비스 등과 같이 실제 전달되는 편익과 관련이 깊으며, 서비스를 경험한 후에도 평가하기 어려운 속성은?

① 탐색 속성
② 경험 속성
③ 신뢰 속성
④ 복합 속성
⑤ 비분리 속성

해설 서비스의 세 가지 속성인 탐색 속성, 경험 속성, 신뢰 속성 중 하나인 '신뢰 속성'은 서비스를 경험한 후에도 평가하기 어렵다는 특성을 가지고 있다.

정답 01 ⑤ 02 ③

03 **갭 모형에서 고객의 기대에 대한 경영자의 지각과 조직의 서비스 품질 디자인 명세서의 차이를 의미하는 것은?**

① GAP 1
② GAP 2
③ GAP 3
④ GAP 4
⑤ GAP 5

해 설 GAP 2는 기업 경영진은 소비자의 기대를 잘 알고 있을 수는 있으나, 이것을 시행 매뉴얼로 제대로 옮기지 못하는 데서 발생하는 격차이다.
① 갭 1 : 고객의 기대와 경영자 지각의 차이
③ 갭 3 : 서비스 품질명세서와 실제 서비스 제공의 차이
④ 갭 4 : 실제 서비스 제공과 외부 커뮤니케이션의 차이
⑤ 갭 5 : 서비스 기대와 서비스 지각의 차이

04 **다음 중 서비스 품질 갭(gap)에 대한 설명으로 가장 적절한 것은?**

① 기대한 서비스와 경험(인지)한 서비스의 차이는 경영자 인지 격차이다.
② 기대된 서비스와 고객 기대에 대한 경영진의 인식 차이는 서비스 전달 격차이다.
③ 서비스 전달과 경영진 인지의 품질명세화의 차이는 경영자 품질명세 격차이다.
④ 서비스 전달과 고객에 대한 외적 커뮤니케이션의 차이는 시장 커뮤니케이션 격차이다.
⑤ 경영자 인식의 품질명세화와 고객 기대에 대한 경영진의 인식 차이는 경험한 서비스 격차이다.

해 설 ① 기대한 서비스와 경험(인지)한 서비스의 차이는 경험한 서비스 격차이다.
② 기대된 서비스와 고객 기대에 대한 경영진의 인식 차이는 경영자 인지 격차이다.
③ 서비스 전달과 경영진 인지의 품질명세화의 차이는 서비스 전달 격차이다.
⑤ 경영자 인식의 품질명세화와 고객 기대에 대한 경영진의 인식 차이는 경영자 품질명세 격차이다.

정답 03 ② 04 ④

05 **갭 모형에서 서비스 품질명세서와 실제 서비스 전달 간의 차이가 발생시 이에 대한 해결방안으로 가장 적절하지 않은 것은?**

① 시장조사 방법의 개선
② 보상의 적절성과 공평성
③ 권한의 위임과 자원 배치
④ 적합한 역량을 지닌 직원 채용과 배치
⑤ 종업원 기술의 적합성을 높이기 위한 교육

✦**해 설** 시장조사 방법의 개선은 시장조사 갭의 해결 방안에 해당한다.

06 **서비스 프로세스 설계와 관련된 설명으로 가장 적절하지 않은 것은?**

① 서비스 프로세스 설계시 고객에 대한 인식이 중요하다.
② 내부 프로세스를 수행하는 종업원은 기능적 사고를 갖는 것이 필요하다.
③ 서비스 제공자와 내부고객의 체인은 고객지향적 방식으로 관리되어야 한다.
④ 내부 서비스가 불량하면 외부고객에게 제공되는 서비스의 품질이 저하될 수 있다.
⑤ 서비스 프로세스 설계시, 고객은 내부고객과 외부고객으로 구분할 수 있다.

✦**해 설** 내부 프로세스를 수행하는 종업원도 전체적인 관점에서 프로세스적 사고를 갖는 것이 필요하다.

07 **다음 중 서비스 프로세스의 재설계 과정에 해당하지 않는 것은 무엇인가?**

① 편의성과 전달기능 향상을 위해 서비스 프로세스 중 물리적 요소를 재설계
② 고객별 서비스의 종류를 줄이고 다양성을 확보할 수 있도록 일관된 서비스를 제공
③ 서비스 속도를 증가시키고 접근성을 향상할 수 있는 방법으로 셀프서비스를 활용
④ 편의성과 접근성을 높일 수 있도록 고객에게 서비스를 직접 전달하는 과정을 창출
⑤ 서비스의 효율성과 제공 속도를 높이기 위해 부가가치를 창출하지 않는 서비스 전달 단계를 제거

정답 05 ① 06 ② 07 ②

✦해 설 서비스 프로세스가 일관된 경우 각각의 고객들을 위해 서로 다른 서비스 제공 프로세스를 개발하여야 하므로 종류와 다양성이 증가하게 된다.

08 **다음 중 서비스 청사진(service blueprint)과 관련된 설명으로 적절하지 않은 것은?**

① 상호작용 경계는 서비스 직원과 고객의 접촉이 이루어지는 지점
② 내부 상호작용 경계는 고객과 후방부의 직원 간 상호작용이 이루어지는 지점
③ 품질 개선을 위한 도구로 기존 공정 흐름도에 가시성 경계라는 개념을 추가한 도구
④ 고객의 행동, 전방부의 직원 활동, 후방부에서의 직원 활동, 지원 프로세스 등으로 구분
⑤ 가시성 경계는 서비스 제공 과정을 고객이 상호작용하면서 서비스를 받는 과정과 고객이 볼 수 없는 준비 과정으로 구분

✦해 설 내부 상호작용 경계는 후방부의 직원 활동과 지원시스템 간 경계를 의미한다.

09 **서비스 품질을 개선하기 위한 방법에 대한 설명으로 가장 적절하지 않은 것은?**

① 전사적으로 서비스 품질을 향상시키려고 노력하는 기업 문화가 정착되어야 한다.
② 자사가 제공하는 서비스에 대해 파악하고 고객이 반응하는 포인트를 알아야 한다.
③ 꾸준히 변화하는 고객 기대를 예측하고 그에 따라 서비스 수준, 방법 등을 변화시킨다.
④ 고객이 서비스에 대해 충분한 기대를 가질 수 있게 서비스 기대 수준을 높여주어야 한다.
⑤ 고객에게 서비스를 제공 받는 시기, 구체적인 서비스 형태 등을 설명하며 구체적 서비스 정보를 제공한다.

✦해 설 고객은 서비스에 대한 기대를 하고, 이에 따라 자신이 받은 서비스에 대해 평가를 내리므로 과대 기대 수준은 기업 이미지를 해할 수 있다.

정답 08 ② 09 ④ 10 ⑤

10 카노의 품질 모형 구성 항목 중, 충족 시 큰 만족을 주며 불충족 시에도 불만족을 일으키지 않는 서비스 품질은?

① 일원적 품질 ② 당연적 품질
③ 무관심 품질 ④ 역 품질
⑤ 매력적 품질

해 설 매력적 품질은 고객의 기대를 초과하거나 고객이 미처 기대하지 못한 부분으로 충족시 큰 만족을 주며 불충족시에도 불만족을 일으키지 않는다.

PART 2 O/X형

11 슈메너의 서비스 프로세스 매트릭스 중 서비스숍은 노동 집약도의 정도가 낮고 상호작용과 고객화의 정도가 낮은 특성이 있다.

(① ○ ② ×)

해 설 서비스숍은 상호작용과 고객화의 정도가 높다.

정답 10 ⑤ 11 ②

PART 4 사례형

12 다음의 커피 전문점 S사의 서비스 프로세스에 관한 내용 중 가장 옳지 않은 것은?

커피 전문점의 대표적인 S사는 일정한 가격으로 한정된 종류의 커피 등을 판매한다. 구매를 원하는 고객은 카운터에서 정해진 메뉴 내에서 직접 주문, 계산한 후 주문한 음료가 나오면 이를 받아 자신이 원하는 자리에서 음료를 마시거나 테이크아웃하여 나간다. 이러한 서비스 프로세스를 적용하기 위하여 종업원을 위한 매뉴얼 형태의 업무 수행 방법이 존재한다.

① 사례에서 S사의 서비스 프로세스는 매우 표준화된 프로세스를 제공하고 있다.
② 사례와 같은 서비스 프로세스를 주로 적용하는 경우는 검증된 효율적인 방법이 존재할 가능성이 높다.
③ 사례의 S사와 같은 경우 이질적인 태도와 능력을 지닌 종업원들의 업무수행을 균질화하기 위한 노력이 필요하다.
④ 고객의 요구가 다양하고 이질적인 경우에는 상당히 정형화된 사례와 같은 프로세스만을 제공할 경우 바람직하지 못한 성과로 나타날 수 있다.
⑤ S사와 같이 모든 고객에게 동일한 서비스 프로세스가 제공하는 경우, 서비스 제공자에게 많은 판단력이 요구되므로 종업원의 능력 수준이 높아야 한다.

해 설 사례에서 S사의 서비스 프로세스는 매우 표준화된 프로세스에 해당한다. 많은 판단력과 유연성이 요구되어 서비스 제공자의 능력 수준이 높아야 하는 것은 고객화된 서비스 프로세스의 경우이다.

정답 12 ⑤

제 3 장 서비스 공급 및 수요 관리

1 서비스 수요예측 기법 이해

핵심 키워드

정량적 예측 기법과 정성적 예측 기법, 델파이 기법, 시계열 분석, 회귀모델

1. 서비스 수요와 공급

① 의의

㉠ 서비스의 수요와 공급을 관리함에 있어서 당면하는 가장 근본적인 문제는 미래의 판매를 위해 재고 상태로 보관하거나 저장할 수 없다는 데 있다.

㉡ 이러한 현상은 소멸성과 생산-소비의 동시성이라는 서비스 고유의 특성에 기인한다.

㉢ 고객에게 판매되지 않은 비행기 좌석이나 극장 티켓은 이후에 재판매할 수 없다. 시간이 지나면 좌석의 서비스 제공 능력이 소멸되기 때문이다.

② 수요와 공급의 관리 필요성

수요 부족시(공급 초과)	수요 초과시(공급 부족)
• 남는 서비스는 저장할 수 없으며 다른 장소로 운반하거나 다른 사람에게 이전할 수 없음. • 서비스 공급 능력의 유휴화에 따라 과잉 투자 비용과 고정비 부담, 유지관리비, 인건비 등의 비용 발생 → 경영 악화	• 고객의 대기상황 발생으로 서비스 품질이 낮아짐. • 고객이 대기할 수 없으면 판매(수익) 기회 상실

③ 서비스 수요의 상황

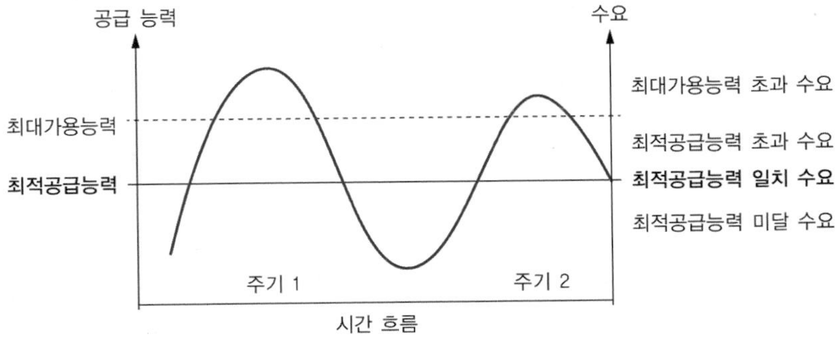

최대가용능력 초과 수요	• 서비스에 대한 수요가 기업이 수용할 수 있는 최대가용능력을 초과하는 수준 • 잠재 고객들에게 서비스를 제공할 수 없어 영업 기회를 놓치고 고객을 상실하게 됨. → 설사 서비스를 제공받는다 하더라도 사람들이 붐비거나 인력, 시설, 장비의 부족으로 약속한 품질의 서비스를 제공하지 못함.
최적공급능력 초과–최대가용 능력 미달 수요	• 최적공급능력을 초과하고 최대가용능력을 미달하는 수준의 수요 상황 • 서비스를 원하는 고객들에게 모두 서비스를 제공할 수 있으나 종업원들이 과중한 업무에 시달리고, 혼잡, 시설의 과다한 사용 등으로 양질의 서비스를 제공하지 못함. → 고객들은 불만족을 느끼고 서비스 품질을 낮게 평가
최적공급능력 일치 수요	• 기업의 최적공급능력에 일치하는 이상적인 수요 상태 → 수요와 공급이 균형을 이루는 상황 • 고객은 원하는 시간에 양질의 서비스를 제공받을 수 있음.
최적공급능력 미달 수요	• 서비스에 대한 고객 수요가 기업의 최적공급능력에 미치지 못함에 따라 인력, 설비 및 장비가 유휴화되는 초과공급능력 상황 • 수익성이 악화되고, 종업원들에 대한 낮은 보상으로 사기 저하를 야기 • 고객에 대한 서비스 품질이 낮아지고 고객이 이탈하며 수익성이 악화되는 악순환을 겪게 됨.

2. 서비스 수요예측 개요

① 예측 기법은 크게 질적 예측 기법(정성적 예측 기법, qualitative method)과 정량적 예측 기법(계량적 예측 기법, quantitative method)으로 구분된다.

② 정성적 예측 기법은 예측자의 주관에 의하여 예측하는 것이며, 정량적 예측 기법은 계량적인 모델과 데이터를 바탕으로 예측하는 것으로 시계열 분석과 인과형 모형으로 세분화된다.

③ 정량적 예측 기법은 객관적이라 할 수 있으나 그 사실만으로 정성적 예측 기법보다 더 나은 방법이라고 단정할 수는 없다.

3. 정성적 수요예측 기법

델파이 기법	• 전문가 집단으로부터 일치된 의견을 얻기 위해 설문지를 배포하고 전문가들의 예측치 및 견해를 회수 → 이를 요약·정리한 후 다시 배포하고 회수하는 과정을 반복 • 장기 수요예측, 과거의 자료가 없는 신제품의 수요예측, 신기술 예측 등에 유용하게 활용
역사적 유추법	• 이용하여야 할 자료가 없을 경우 과거의 비슷한 제품이나 상황에 해당하는 자료를 이용하여 결과를 예측하는 기법 • 제품의 수요는 도입, 성장, 성숙 및 쇠퇴의 단계를 거치므로 과거 유사제품의 수명주기를 분석하면 신제품의 미래도 짐작할 수 있다는 것을 전제
판매원 의견 종합법	각 지역을 담당하고 있는 판매원들은 소비자들과 가장 가까이 있으므로 이들로 하여금 담당지역의 수요를 예측하게 하여 이를 종합하는 방법
시장조사법	시장 상황에 대한 자료를 수집하기 위해 소비자를 표본으로 선정하여 설문, 면접 등을 이용
중역진 의견법	예측과 관련 있는 중역(상위경영자, 임원)들이 하나의 팀을 구성하여 서로의 경험과 지식을 바탕으로 의견을 제시하고 토론을 거쳐 수요를 예측하는 기법

4. 정량적 수요예측 기법

① 시계열 분석

㉠ 시계열이란 수요량, 매출액 등의 어떤 현상에 관한 계량적 자료가 일정 간격(일, 주, 월, 분기, 연 등)으로 나열되어 있는 것을 말한다.

㉡ 시계열 분석은 시계열 자료를 기초로 그 추세나 경향을 파악하여 미래의 예측치를 구하고자 하는 방법이다. 따라서, 시간이 독립변수가 되며 수요량은 종속변수가 된다.

② 시계열 분석의 구성 요소

㉠ 과거에 발생된 제품이나 서비스에 대한 수요 자료를 시계열에 따라 그래프로 그리면 일정한 패턴, 즉 시계열적 변동이 나타난다.

㉡ 이 변동은 추세 변동, 순환 변동, 계절 변동, 불규칙 변동으로 구분되며 시계열 자료의 주요 구성 요소를 이룬다.

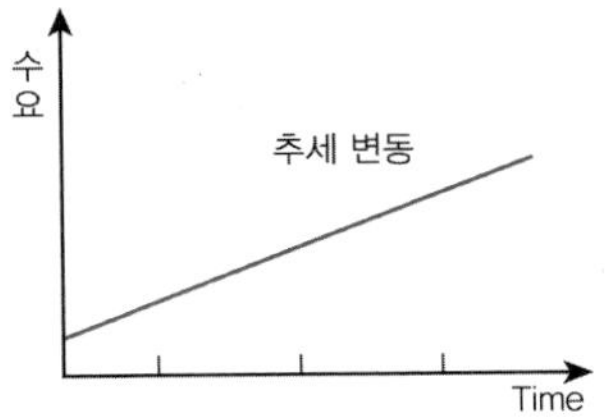

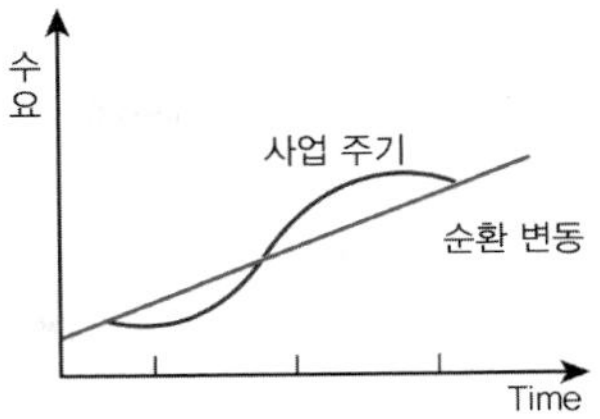

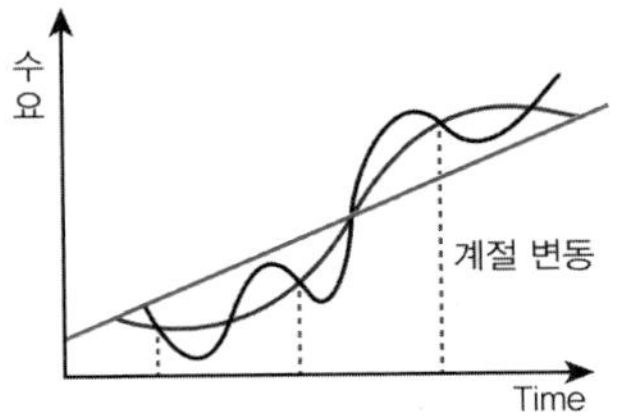

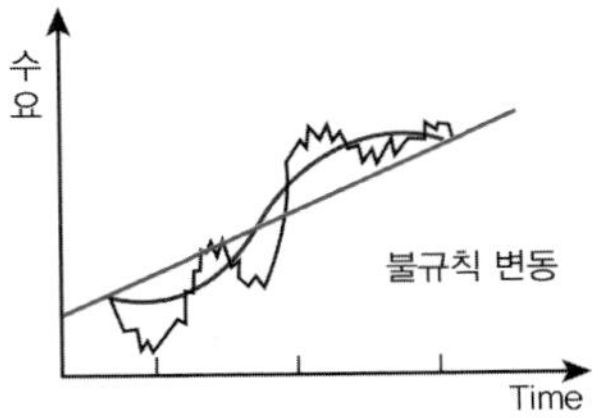

③ 시계열 변동의 구분

추세 변동 (trend movement : T)	• 제품 및 서비스 수요의 장기적 · 점진적 변동 • 인구 이동, 소득 수준의 변화 등으로 성장이나 후퇴의 경향을 보임.
순환 변동 (cyclical fluctuation : C)	• 일정한 주기가 없이 제품 및 서비스의 수요 증감이 사이클 현상으로 반복되는 변동
계절 변동 (seasonal variation : S)	• 1년을 주기로 계절에 따라 되풀이되는 변동으로 매년 일정한 패턴으로 변동 • 선풍기, 보일러, 모피 등이 대표적이며 기후, 명절 등과 같은 요인의 영향을 받음.
불규칙 변동 (irregular movement : I) **또는 임의 변동** (random movement)	• 돌발적인 원인이나 불분명한 원인으로 일어나는 우연 변동 • 통제할 수 없는 여러 요인들(시위, 유류 파동, 천재지변 등)의 영향을 받으므로 예측과 통제가 어려움.

5. 시계열 분석의 예측 기법

전기수요법	지난 기간[전기(前期)]의 실제치를 그 다음 기간의 예측치로 사용하여 분석하는 방법 예 지난달 세탁기의 수요가 300개였다면 이번 달의 수요 또한 300개일 것이라고 전제
이동평균법	• 시계열 분석에서는 과거의 실적을 장래 예측의 토대로 삼으므로 과거의 자료를 이용하다 보면 불규칙적인 변동이 나타나게 됨. → 불규칙적인 변동은 예측 결과에 오차를 일으키므로 이동평균법은 이를 제거하는 데 유용 • 과거 여러 기간의 실적치에 동일한 가중치를 부여하는 단순이동평균법과 최근의 실적치에 보다 큰 가중치를 부여하는 가중이동평균법이 있다.
지수평활법	지수평활법도 일종의 가중평균법에 속하지만 평활계수(smoothing constant, a)를 설정하며 초기(최초)의 예측치를 활용

최소자승법	• 관찰치와 추세치와의 편차 자승의 총합계가 최소가 되도록 동적 평균선인 선형 추세선을 그려 예측하는 기법 • 최소자승법은 주기 변동, 계절 변동 및 불규칙 변동은 배제하고 장래의 수요 변동을 추세 변동만으로 예측

6. 인과형 예측 기법

① 의의

㉠ 수요의 발생 과정은 원인과 결과의 관계인 인과관계로 파악하는 것이 효과적일 수 있다.

㉡ 과거의 자료를 기초로 이들 간의 함수관계를 파악하고 함수식에 의해 미래의 수요를 예측하는 기법으로 회귀분석에 의한 예측이 가장 대표적이다.

② 유형

단순회귀모델	가장 간단한 회귀모델로 수요는 단 하나의 독립변수와 관계가 있다고 보는 모델
중회귀모델	주어진 상황을 보다 충실히 나타낼 수 있도록 중회귀모델은 종속변수에 영향을 주는 여러 개의 독립변수를 포함하여 예측

2 대기행렬 모형

핵심 키워드

대기행렬의 개념, 우선순위 적용 규칙, 대기행렬 이론의 분포(포아송 분포)

1. 대기행렬 개요

① 대기행렬(waiting line)의 의의

㉠ 대기행렬은 서비스 시스템에서 기다리는 사람들이 꼬리를 물고 늘어서 있는 현상을 의미한다.

㉡ 대기는 주문접수와 상품배송 간의 리드타임 지연(lead time)을 의미한다. 이때, 리드타임이란 상품의 주문일시와 인도일시 사이에 경과된 시간이다.

㉢ 효율적인 조직은 고객들에게 마감 시한을 충족하고, 경쟁자보다 더 빠르게 상품과 서비스를 제공한다.

② 대기의 중요성

㉠ 대기는 고객들에게 좌절, 혼란, 짜증, 시간 낭비를 줌으로써 비경제적인 효과를 유발한다. 소비자들은 대기를 지루한 문제로 인식한다.

㉡ 경쟁 환경에서 대기 없이 서비스를 제공할 수 있는 능력은 속도와 운영의 여건에 달려 있다.

㉢ 예를 들어 공항의 대기 시간이 적은 항공사는 하루에도 더 많은 여행객과 수익을 얻을 수 있고 물류에서 속도의 증가는 공장과 소비자들 간의 시간을 적게 소모하고, 현금 흐름을 향상한다.

③ 마이스터의 대기관리 원칙(David Maister)

㉠ 대기에 대한 고객 지각

- 아무 일도 안 할 때 대기가 더 길게 느껴짐.
- 구매 전 대기가 덜 길게 느껴짐.
- 근심은 대기를 더 길게 느껴지게 함.
- 언제 서비스를 받을지 모른 채 무턱대고 기다리면 대기는 더 길게 느껴짐.
- 원인을 모르는 대기는 더 길게 느껴짐.
- 불공정한 대기는 더 길게 느껴짐.
- 대기는 가치가 적을수록 더 길게 느껴짐.
- 대기는 혼자 기다리면 더 길게 느껴짐.

㉡ 대기 관리 방법

생산 관리 방법	• 예약 서비스 실시 • 커뮤니케이션 적극 활용 • 적절한 대기시스템 구축 • 다른 대안 제시
고객 인식 관리 방법	• 서비스가 시작되었다는 느낌을 인식 시켜줌. • 예상 완료시간을 제시 • 고객 유형에 따라서 적절한 대응 • 이용되지 않은 자원은 제거

2. 대기행렬의 이해

① 대기행렬의 성격

㉠ 고객들이 여행하고, 호텔에 투숙하고, 레스토랑에 도착하는 서비스 시스템을 통해 이동할 때, 대기는 대기행렬 안에 있는 형태가 된다.

㉡ 고객들은 입장권을 예매하기 위해, 진료를 받기 위해, 계산을 하기 위해 대기한다.

ⓒ 대기의 주요 원인

거래 정지	거래를 위해 사람이나 자동차의 흐름 정지를 요구할 때, 대기행렬이 일어남. → 항공여행 처리는 탑승권 구매, 출국서류 확인, 보안지대 통과, 분류심사 등을 포함
흐름 지연	속도를 낮추는 물적 제한으로 병목(bottleneck)을 의미 → 교차로에서처럼 몇몇 흐름이 집중되기 때문에 병목이 발생
서비스 개시 전 도착	버스가 도착하여 승차를 기다리기 위해 줄을 서는 경우처럼 서비스 개시 전 도착은 대기의 중요 원인으로 작용

ⓓ 대기행렬의 이점

선착순의 보장	대기행렬의 첫 번째 도착한 사람에게 가장 먼저 서비스를 제공
시간과 장소 인지	대기행렬은 기다리는 시간과 줄을 서는 장소를 알려줌.
공간 활용	질서 있는 대기는 공간을 효율적으로 사용하고, 처리량을 극대화할 수 있게 됨.

② 대기행렬의 행동 대처 기법

불확실성의 배제	고객들이 얼마나 기다려야 하는지를 모른다는 것은 불안을 야기 → 고객에게 대기시간을 말한 후, 실제 예측된 시간을 초과해서는 안 됨.
약속의 명확성	분명한 약속은 불확실성을 완전히 배제해 줄 수 있음. → 특정일, 특정 시간에 도착한다면 서비스를 받을 수 있다고 명확히 제시
지체 이유의 설명	고객들이 합리적으로 수용할 수 있는 정당한 지체 이유 설명 → 공급자의 관점보다 고객의 관점으로 알려야 함.
불안과 권태의 축소	기업이 대기 시간에 기분전환을 제공할 수 있다면 시간이 빠르게 지나가고, 고객들이 기다리는 권태를 축소할 수 있음.
사전 처리와 진행 중 처리	고객들이 서비스가 빠르게 처리된다고 느끼기 위해 사전 처리와 진행 중 처리를 진행 → 레스토랑 메뉴판을 대기할 때 제시
가치 제시와 절차의 공평성	사람들은 시간을 소중하게 생각하고, 가치 있는 것을 얻기 위해 기다림. → 고객에게 가치를 제공해 주고 공정한 규칙을 적용하여 고객을 응대

3. 우선순위 적용 규칙

선착순(First Come, First Service, FCFS)	먼저 도착하는 순서대로 처리
최소작업시간 우선(최단처리시간, Shortest Processing Time, SPT)	작업 처리 시간이 가장 짧은 작업부터 처리
최대작업시간 우선(최장처리시간, Longest Processing Time, LPT)	작업 처리 시간이 가장 긴 작업부터 처리

최소납기 우선(납기일, Earliest Due Date, EDD)	납기 예정일이 가장 빠른 작업부터 처리
최소여유시간 우선 (Least Slack, LS)	납기일까지의 여유시간이 적은 순서대로 처리 (여유시간 = 잔여납기일수 − 잔여작업일수)
긴급률 우선 (Critical Ratio, CR)	긴급률이 작은 값부터 우선적으로 처리 $(\text{긴급률} = \frac{\text{잔여납기일수}}{\text{잔여작업일수}})$

4. 대기행렬 이론의 분포

① 대기는 고객이 도착하는 간격과 서비스에 걸리는 시간이 불확실한 것에도 발생한다. 이 경우 언제 수요가 발생하는지와 수요를 만족시키는 데 걸리는 시간을 알면 대비할 수 있다.

② 대기행렬 이론에서 고객이 서비스 시스템에 들어오는 빈도인 도착률은 포아송 분포를 따른다고 가정한다. 또한 서비스 시스템이 한 고객을 처리하는 데 걸리는 시간은 지수 분포를 따른다고 가정한다.

포아송 분포 (Poisson Distribution)	주어진 시간 또는 영역에서 어떤 사건의 발생 횟수에 대한 확률 모형 → '한 시간 동안 방문한 고객의 숫자는 10명이다(도착률).'
지수 분포 (Exponential Distribution)	특별한 이벤트가 일어나는 시간 간격, 한 고객을 처리하는 데 걸리는 시간, 고객이 도착하는 시간 간격 등을 표현 → '5분마다 새로운 고객이 방문하였다.'

3 서비스 가격/수율 관리

핵심 키워드

서비스 가격의 중요성, 서비스 가격의 결정, 서비스 가격 전략, 서비스 수율 관리의 개념, 서비스 수율 관리의 적합 상황

1. 서비스 가격의 의의

① 가격의 개념

㉠ 가격이란 구매자가 어떤 제품이나 서비스를 구입하고 그 대가로 지불하는 화폐가치 또는 구매제품이나 서비스의 가치 또는 편익에 대하여 지불되는 반대급부다.

㉡ 가격은 구매자에게 제공되는 제품이나 서비스에 대하여 그 대가로 요구되는 교환금액이라고 할 수 있다.

② 가격의 중요성

상품의 수요 결정	• 가격은 서비스를 포함하는 상품의 수요를 결정하는 중요한 요인이 됨. → 일반적으로 가격과 구매상품에 대한 수요는 반비례 관계를 나타냄. • 서비스 기업은 가격을 수요-공급의 균형을 위한 도구로 사용함.
기업 이익의 원천	기업은 총수익(가격×판매량)을 극대화할 수 있도록 가격을 결정해야 함.
마케팅 믹스 결정에 영향	가격은 기업의 다른 마케팅 믹스 결정에 영향을 미침. → 서비스 상품, 촉진, 유통 등의 마케팅 믹스 수단을 운용하는 데 필요한 자금원 역할을 함.
품질의 지표	• 소비자들은 상품에 대한 불완전한 정보로 가격을 품질의 지표로 삼는 경향이 있음. • 서비스는 무형적이고 고객들에게 구매 위험이 높게 지각되기 때문에 가격이 품질의 지표로 작용되는 경우가 많음.
마케팅 도구	가격은 불경기 상황이나 인플레이션이 심한 경우, 기업 간의 경쟁이 치열하거나 진입장벽을 구축하고자 할 때, 시장이 포화상태에 있을 때 중요한 마케팅 도구가 됨.
소비 생활 수준에 영향	가격은 물가 수준과 소비자의 생활 수준에 큰 영향을 미치는 요인이 됨. → 정부는 물가안정이나 생산자 또는 소비자 보호를 위하여 가격을 통제하는 경제 정책을 취하기도 함.

2. 서비스 가격의 특징과 역할

① 의의

㉠ 기업이 서비스의 가격을 책정할 때 서비스 가격에 대한 소비자들의 지각이나 반응을 정확히 이해하는 것은 매우 중요하다.

㉡ 서비스 기업이 제시하는 가격이나 가격의 변화에 대하여 소비자들은 각기 다르게 지각하는데 이는 여러 가지 요인에서 기인한다.

② 서비스 가격의 특징과 역할

고객의 준거가격의 차이	• 고객은 어떤 서비스를 구매하고자 할 때 자신의 준거가격을 기초로 가격을 평가 • 준거가격이란 제품이나 서비스를 평가하는 기준되는 기억 속의 가격을 의미 • 고객의 기억 속에 있는 서비스에 대한 준거가격은 제품에 비해 정확하지 못함. → 고객들마다 서비스 가격에 대하여 다르게 평가
비금전적 원가의 역할	• 비금전적 원가는 고객이 서비스를 구매하고 사용할 때 지각되는 희생을 총칭 → 시간 비용, 정보 탐색 노력 비용, 심리적 비용 등 • 서비스를 구매할 때에는 금전적 가격보다 비금전적 원가가 더 중요하게 작용할 수 있음.
서비스 품질의 지표	• 서비스는 품질을 평가하기 어렵기 때문에 가격을 서비스 품질의 지표로 삼는 경향이 있음. • 서비스 가격이 너무 낮게 책정되면 품질을 의심할 수 있으며 너무 높게 책정되면 감당하기 어려운 고객 기대로 소비자 저항을 불러일으킬 수 있음.

3. 서비스 가격 결정

① 의의

㉠ 서비스 가격은 너무 낮아서 이익을 내지 못하는 하한 수준과 너무 높아서 최소한의 수요도 창출하지 못하는 상한 수준의 사이에 존재한다.

㉡ 서비스 가격은 경쟁 상황이나 수요관계를 고려하여 적정한 수준의 이익이 창출될 수 있는 수준에서 결정이 되어야 한다.

㉢ 서비스 원가는 가격의 하한선이 되고, 자사의 서비스에 대한 소비자의 지각은 가격의 상한선이 된다.

㉣ 서비스 기업은 양 극단 사이에서 경쟁사의 가격과 기타 내・외적 요인들을 고려하여 가장 적절한 수준의 가격을 결정하게 된다.

② 원가중심 가격 결정

특징	원가는 가격의 하한선이 됨.
세부 내용	• 가격 = 원가 + 마진 = 직접비 + 간접비 + 마진 • 직접비 : 서비스와 관련된 재료비와 노무비 • 간접비 : 조업도나 매출액과 관계없이 일정하게 발생하는 비용 → 건물 임대료, 각종 설비 및 세금, 보험료, 급여, 자본 비용 등 예 원가 8천원인 상품에 2천원의 마진을 붙이면 판매가격은 만원이 되고, 마진율은 25%임.

③ 경쟁중심 가격 결정

특징	동일한 산업 내의 다른 경쟁사들의 가격에 기초하여 가격을 결정하는 방법
세부 내용	• 기업 간에 과열 경쟁을 막을 수 있으며, 업계의 조화를 도모하고 업계 평균 수준의 적정이익을 창출할 수 있음. • 경쟁사의 가격에 따라 자사의 가격이 결정되기 때문에 일관된 가격 전략을 수행하기 어려움. • 독과점 시장에서는 경쟁자 간에 가격을 서로 맞추려 하기 때문에 가격 신호 현상이 나타남. → 시장의 선도 기업이 가격을 결정하면 이를 대외적으로 알려서 다른 경쟁 기업들이 따라오게 하는 형태로 이루어짐.

유형	• 시장대응가격결정법 : 주요 경쟁사나 시장 선도 기업의 가격에 기초하여 자사의 가격을 결정하는 방법 • 입찰가격결정법 : 자사의 원가나 수요보다 경쟁사들이 어느 정도로 가격을 책정할 것인가에 기초하여 가격 설정 → 경쟁사보다 낮은 가격을 책정

④ 수요중심 가격 결정

특징	제품이나 서비스의 시장 수요와 고객의 지각 가치를 기준하여 가격을 설정 → 제품이나 서비스의 구매자인 고객의 관점에서 가격을 결정하는 것으로 고객(구매자)중심 가격 결정이라고도 함.
세부 내용	• 서비스에 대한 시장의 수요탄력성은 가격 결정에 큰 영향을 미침. • 수요가 탄력적인 경우 시장 수요가 가격의 변화에 직접적으로 영향을 받게 됨. → 가격을 인상하면 시장 수요는 감소, 가격을 인하하면 시장 수요는 증가 • 수요가 비탄력적인 경우에는 가격의 변화가 수요에 크게 영향을 주지 않음.

4. 서비스 가격 전략

① 가격차별화 전략

㉠ 개념 : 동일한 서비스 상품에 대하여 두 가지 이상의 상이한 가격으로 판매가격을 설정하는 경우를 말한다.

㉡ 유형

시간에 따른 가격차별화	• 서비스 이용 시간대별 가격차별화 : 심야전기 요금 할인제, 영화관의 조조할인, 호텔이나 항공사, 여행사의 비수기 요금할인제 등 • 구매 시간대별 가격차별화 : 연극, 콘서트 등의 경우 당일에 티켓을 구입하지 않고 사전에 예약을 하는 경우 할인혜택 부여
고객에 따른 가격차별화	고객의 연령이나 직업, 소속 집단, 회원 여부 등에 따라 가격을 차별화하는 경우 → 버스나 기차 승차시 학생이나 노인 고객들에게 할인요금 부과 등
장소에 따른 가격차별화	서비스 제공(소비)장소에 따라 가격을 달리 부과하는 방법 → 경기장이나 공연장, 연주회의 경우 고객들이 선호하는 위치에 따라 등급 부여 및 가격을 다르게 부과
구매량에 따른 가격차별화	• 이중요율제 : 기본가격과 단위가격이 부과되는 가격체계 → 택시요금, 전화요금 등 • 2단계요율제 : 어떤 구매량을 기준으로 그 구매량보다 적은 양을 구매할 때에는 높은 단위 가격 적용, 그 구매량을 초과하는 구매량에 대해서는 낮은 단위가격 부과 • 전량수량할인제 : 어떤 수량할인점을 기준하여 그 이하를 구매할 때에는 높은 단위 가격 적용, 수량할인점 이상을 구매할 때에는 전체 구매량에 대하여 낮은 단위가격 적용

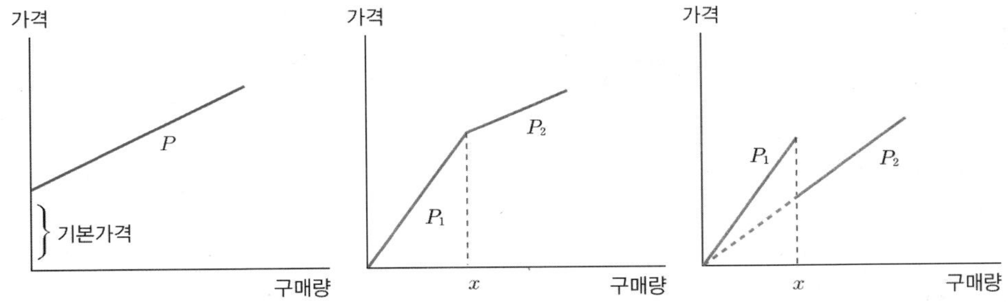

이중요율제 2단계요율제 전량수량할인제

② 묶음가격 전략

㉠ 개념 : 두 개 이상의 제품이나 서비스를 하나의 패키지로 만들어 특별한 가격으로 제공하는 가격 전략을 말한다.

㉡ 유형

순수묶음가격	두 개 이상의 서비스를 개별적으로는 구매할 수 없고 패키지로만 구매할 수 있도록 하여 가격을 책정 → 여행 패키지 상품
혼합묶음가격	두 개 이상의 서비스를 패키지로 할인된 가격에 구매할 수 있도록 하면서 개별적으로도 구매할 수 있도록 하는 방법 → 패스트푸드점의 음식

③ 복수이용 할인가격 전략

㉠ 복수이용 할인가격 전략은 서비스를 반복구매하거나 여러 가지 서비스를 복수로 이용하는 고객들에게 일정한 가격할인 혜택을 주는 것을 말한다.

㉡ 많은 서비스 제공자들은 기존 고객들의 반복구매를 자극하고 신규 고객을 유인하기 위해 복수이용객 할인가격전략을 사용한다.

④ 심리적 가격 전략

㉠ 개념 : 소비자의 심리적 측면에서 구매행동을 분석하여 가격을 결정하는 방법으로 품위가격, 단수가격, 가격단계화, 유인가격 등이 있다.

㉡ 유형

품위가격	고품질의 서비스 이미지를 유지하면서 고가 정책을 구사 → 가격이 높을수록 고급품질의 상품이며, 그것을 사용하는 소비자의 지위도 높게 여기는 소비자 심리를 이용
단수가격	판매 가격에 단수의 가격을 붙이는 방식으로 소비자에게 서비스 상품의 가격이 최대한 낮은 수준에서 결정되었다는 인상을 주어 판매량 증가를 도모 → 9,900원, 49,900원 등
가격단계화	소비자들이 선호하는 가격대 안에서 몇 개의 가격층을 두어 소비자 선택의 폭을 넓혀줌으로써 판매 증대 도모 → 10만원대, 20만원대, 30만원대 상품 등
유인가격	소비자의 반응을 유도하기 위한 목적으로 정책적으로 특정 품목의 가격을 매우 싸게 매김. → 다른 서비스 상품들도 함께 구매하는 효과 있음.

5. 서비스 수율 관리

① 수율 관리(yield management)의 개념

㉠ 서비스 수율 관리는 적절한 고객에게, 적절한 시간에, 적절한 가격으로 서비스를 제공하는 활동이다.

㉡ 서비스 수율 관리는 가용능력이 제한된 서비스에서 수요와 공급의 관리를 통해 수익을 극대화하는 것이다.

㉢ 예컨대 항공사의 경우 차등 가격을 도입함으로써 가격, 생산능력과 세분시장에서 최적의 균형을 찾을 수 있다.

② 수율 관리의 특징과 수율 공식

㉠ 서비스는 수요의 변동에 따라 다른 가격을 적용할 수 있다.

㉡ 서비스 공급능력의 경우 최저 가용능력에서 최고 가용능력까지의 범위가 존재하고, 가격 측면의 경우 최저 가격에서 최대 가격까지의 범위가 존재할 수 있다.

㉢ 수율 공식

- 수율 = 실제 수익 ÷ 잠재 수익
- 실제 수익 = 실제 사용량 × 실제 가격
- 잠재 수익 = 전체 가능 용량 × 최대 가격

③ 수율 관리의 적합 상황

세분시장	고객의 소득, 가격, 욕구와 같은 기준으로 세분시장이 구분될 경우 수율 관리가 더 효과적으로 활용됨.
변동 수요	수요의 변동성이 높아서 성수기와 비수기의 구분이 명확하고 계절적인 수요가 발생할 때 수율 관리가 효과적임.
사전 판매 (예약시스템)	사전에 판매할 수 있는 시스템이 갖추어져 있을 경우 수율 관리가 효과적임.
재고의 소멸	판매되지 못한 서비스 가용능력이 소멸되는 경우에 수율 관리가 더 적합 → 특정한 날에 호택 객실이 판매되지 않은 경우 수율 관리를 적용할 수 있음.
저변동비율	가용능력 변경 비용은 높고 한계 판매 비용은 낮은 상황에 수율 관리가 효과적임. → 가용능력을 변경하는 비용이 높아서 수요 변동에 따라 공급능력을 쉽게 조절할 수 없는 경우 수율 관리의 적합성은 더 높아짐.

④ 수율 관리 방법

초과 예약	수익 손실을 최소화하기 위해 수용 능력보다 더 많은 초과 예약을 하고 노쇼(no-show)에 대비
서비스 능력 배분	자사가 보유한 서로 다른 고객 그룹들 간에 서비스 능력을 차등 배분
차별적 가격 결정	서로 다른 세분시장에 다른 가격을 부과

⑤ 수율 관리의 이슈

㉠ 기업의 이익 극대화에만 과도하게 집중하는 것은 서비스 품질의 상실을 초래할 수 있다.

㉡ 고객이 서로 다른 가격에 대해 불쾌한 감정이 들지 않도록 학습시켜야 한다.

㉢ 수율 관리 시스템이 고객에 대한 보상(성과급)과 조화를 이루어야 한다.

㉣ 종업원들의 수율 관리 프로그램에 대한 이해도가 높아야 한다.

4 서비스 고객 기대 관리

핵심 키워드

고객 기대의 개념, 고객의 유형, 고객 기대의 허용 영역, 기대 관리의 수단, 서비스 품질 비용

1. 의의

① 고객 기대의 개념

㉠ 고객 기대란 고객이 서비스 성과에 대해 갖는 사전 신념이다. 고객들은 서비스 품질을 평가하기 위해 서비스 구매 전 기대를 형성하고 이를 서비스 성과와 비교한다.

㉡ 고객 기대는 서비스 접점에서 일어나는 고객 예측이나 고객들이 일어날 것으로 생각하는 것이기도 하다. 고객들은 서비스 공급자들이 약속한 것을 전달한 것으로 기대한다.

② 고객 기대의 중요성

㉠ 서비스 공급자가 고객 충성도를 얻기를 원한다면 일관된 서비스 수행으로 고객 기대를 지속적으로 충족해야 한다.

㉡ 고객 기대의 오해는 서비스 공급자에게 고객 이탈과 같은 비용을 야기한다. 따라서 고객 기대를 형성함에 있어 실수가 있어서는 안 된다.

2. 고객 기대의 유형(모델)

① 의의

고객 기대는 이상서비스, 희망서비스, 적절서비스, 예측서비스로 분류된다.

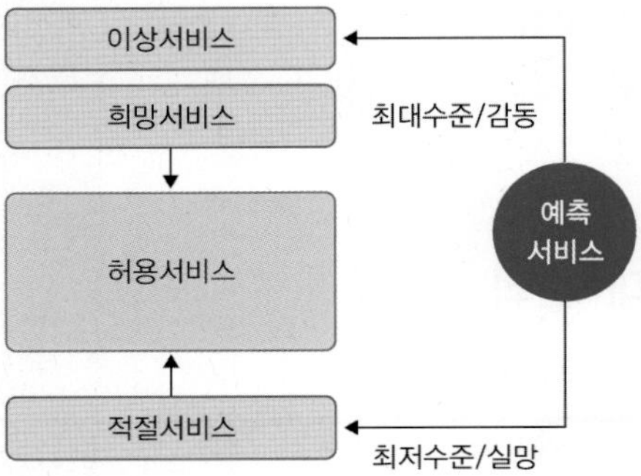

② 고객 기대의 유형

이상서비스	고객들이 기대할 수 있는 최대수준 → 실현 가능에 한계(또는 불가능)가 있음에도 바라는 기대(wish)
희망서비스	고객이 받기를 희망하고 원하는 서비스(want) → 서비스를 구매하는 동안 제공자가 수행할 수 있을 것이라고 기대하는 최대수준
적절서비스	고객이 서비스 공급자로부터 불만 없이 받아들일 수 있는 서비스의 최소수준(adequate)으로 수용할 만한 고객 지각에 근거 → 고객은 적절 서비스의 수준보다 낮게 수행되는 서비스는 수용할 수 없음.
예측서비스	고객이 판매자로부터 기대하는 서비스로 이상서비스와 적절서비스 안에 존재하며 서비스 수요에 따라 변동

③ 허용 영역

㉠ 허용 영역(tolerance zone)은 고객의 희망서비스 기대와 적절서비스 기대 간의 격차이다.

㉡ 허용 영역은 서비스의 희망과 적절서비스의 수준 내에 있고, 서비스 실패가 잘 드러나지 않는 영역이다.

㉢ 허용 영역을 형성하는 요인

개인적 요인	주된 개인적 요인은 고객 몰입(여유의 정도)에 기인함.
고객의 지각된 역할	• 고객들이 자신의 역할을 효과적으로 수행하는 데 능숙하다면, 고객의 지각된 역할은 고객의 적절 수준을 증가시킴. • 고객이 적극적으로 참여하지 않고, 역할을 하지 않는다면, 허용 영역은 더 넓어짐. → 공급자에게 더 많은 여지를 주게 되고, 적절 수준은 낮아짐.

기업의 통제 요인	• 기업은 가격을 변동시켜 적절 수준에 영향력을 형성 → 가격을 인상하면, 고객에게 적절 수준을 증가시키고, 허용 영역은 더 좁아짐. • 추가적인 속성을 고객에게 제공하면 고객들은 추가적인 것을 얻는다는 희망으로 적절 수준을 낮추기 때문에 허용 영역은 더 넓어짐. • 경쟁사가 더 우수한 유통을 제공하면, 적절 수준은 증가하고, 허용 영역은 더 좁아짐.
지각된 대안	고객들에게 서비스를 제공할 다른 서비스 기업이 존재하는 경우를 의미 → 더 많은 대안은 허용 영역을 좁게 만들고, 더 적은 대안은 허용 영역을 확장함.
상황적 요인	서비스 기업이 통제할 수 없는 상태로 고객 기대가 낮아지며 허용 영역을 확대

3. 서비스 고객 기대 관리

① 의의

㉠ 서비스 고객 기대 관리는 서비스 회사가 전달할 수 있는 것만 약속하고, 실제로 약속한 것 이상으로 전달하는 것이 이상적이다.

㉡ 서비스 회사는 경쟁 우위를 얻기 위해 고객 기대를 효율적으로 관리하며 약속 관리, 신뢰성, 효과적 커뮤니케이션과 고객 기대의 초과 충족 등을 도모한다.

② 기대 관리 수단

약속 관리	고개의 서비스 기대를 충족하기 위해서는 달성하기 어려운 약속제안보다는 전달할 수 있는 것만 약속하는 것이 효과적임.
신뢰성	서비스의 무형성, 이질성, 비분리성과 소멸성 등으로 고객들은 신뢰성을 중요하게 생각함. → 기업은 고객에게 제시한 약속을 정확하게 전달해야 함.
효과적인 커뮤니케이션	고객의 기대와 제공된 서비스에 관한 견해를 계속적으로 추적하기 위해 기업은 고객과 효과적으로 커뮤니케이션을 함. → 더 우수한 서비스를 제공하기 위해 최근에 개발한 상품이나 서비스를 알리는 선제적 커뮤니케이션 도입
고객 기대의 초과 충족	기업이 희망 서비스 수준 이상으로 서비스를 제공할 경우 고객은 감동하게 되며 반복구매가 증가함.

4. 서비스 품질 비용

① 의의

㉠ 품질 비용은 고객 요구에 적합하지 못한 제품 및 서비스를 생산함으로써 발생되는 비용과 이러한 실패를 예방하고 품질을 보다 완벽하게 하기 위한 노력에 따른 비용이다.

㉡ 품질 비용의 구분

구분	내용	세부 비용
통제비용 (관리비용)	생산 흐름 과정에서 결함을 제거하기 위한 활동과 관련된 비용	예방비용, 평가비용
실패비용 (관리불량 비용)	생산 과정 중(내부 실패) 또는 제품 운송 이후(외부 실패) 불량품 생산에 따른 비용	내부 실패비용, 외부 실패비용

② 예방비용(P–Cost)

㉠ 장래에 발생할 가능성이 있는 결함을 사전에 방지하기 위하여 소비한 비용을 의미한다.

㉡ 결함 발생의 사전 예방 목적으로 지출되는 것으로 품질계획, 품질교육, 제품 및 서비스 설계, 공정계획, 품질자료 수집 등에 소요되는 비용이다.

③ 평가비용(A–Cost)

㉠ 제품, 부품 및 구입 원자재가 품질 표준과 적합한가를 측정 및 평가, 검사하는 활동에 관련된 비용이다.

㉡ 원료의 검사 및 시험비, 점검을 위한 노무비, 실험비 등이 포함된다.

④ 실패비용(F–Cost)

㉠ **내부 실패비용** : 제품, 부품 및 재료가 고객에게 인도되기 전, 생산공정상에서 품질 요건을 충족시키지 못했을 때 발생하는 비용이다. 제품 및 서비스 설계에 대한 실패비용, 구매와 관련된 실패비용, 재작업 및 폐기에 따른 비용 등이 포함된다.

㉡ **외부 실패비용** : 제품이 고객에게 이전된 후에 고객의 욕구를 충족시키지 못했을 때 발생하는 비용이다. 반품 및 양품교환에 따른 비용, 기업이미지 실추, 클레임 비용, 판매량 감소 등에 따른 비용을 포함한다.

5 서비스 공급능력 수립

핵심 키워드

서비스 공급능력의 개념, 서비스 공급 모형, 수요 추구형 전략, 공급 평준화 전략, 고정 주문량 모형, 고정 주문 간격 모형, 서비스 공급 관리 전략

1. 개요

① 서비스 공급능력의 개념

㉠ 서비스 공급능력이란 일정기간에 걸쳐 서비스를 제공할 수 있는 가용능력을 의미한다.

㉡ 서비스 공급능력은 서비스 수요에 대한 수용능력을 결정짓는 중요한 요소가 된다.

㉢ 서비스 공급능력을 결정하는 핵심적인 요소는 시간, 인력, 장비 및 시설, 이들의 조합이라 할 수 있다.

② 서비스 공급능력의 제약 조건

시간	• 많은 서비스의 경우 서비스 생산을 제약하는 가장 근본적인 제약 조건 • 변호사, 컨설턴트, 세무사, 의사 등의 서비스 제공자들은 기본적으로 자신의 시간을 판매 → 시간을 생산적으로 사용하지 않으면 이익이 줄게 되고, 초과 수요가 존재한다 하더라도 이를 충족시킬 만한 시간을 만들기 어려움.
인력	• 많은 서비스 종업원을 고용하고 있는 기업의 경우 서비스 인력의 수나 서비스 제공 수준은 서비스 공급능력에 대한 주요 제약조건이 됨. • 인력을 신규채용했는데 서비스 수요가 감소할 경우 인건비 부담으로 작용
장비 및 시설	• 택배나 항공 운송업의 트럭이나 항공기 확보, 호텔의 객실 수, 대학의 강의실 등은 서비스 기업의 한정된 장비 및 시설에 의한 제약 조건이 됨.

③ 서비스 공급 모형

모형	특징	세부 유형
자체 공급 모형	수요 변동에 맞추어 자체적으로 공급능력을 확보	• 수요 추구형 전략 • 공급 평준화(평균화) 전략 • 혼합 전략
주문 공급 모형	주문을 통해 서비스 공급량을 조달	• 고정 주문량 모형 • 고정 주문 간격 모형 • 일회 주문 모형

㉠ 서비스 공급 모형은 추구하는 전략에 따라 자체 공급 모형, 주문 공급 모형, 일회 주문 모형으로 구분된다.

㉡ 자체 공급 모형은 수요 추구형 전략과 공급 평준화(평균화) 전략, 혼합 전략으로 세분화된다.

㉢ 주문 공급 모형은 고정 주문량 모형과 고정 주문 간격 모형, 일회 주문 모형이 있다.

2. 자체 공급 모형

① 수요 추구형 전략

특징	수요 변동에 따라 공급의 크기를 조정하는 전략
장점	재고가 남거나 부족해질 문제가 없음.
단점	서비스 직원을 채용하거나 해고하는 데 비용 발생

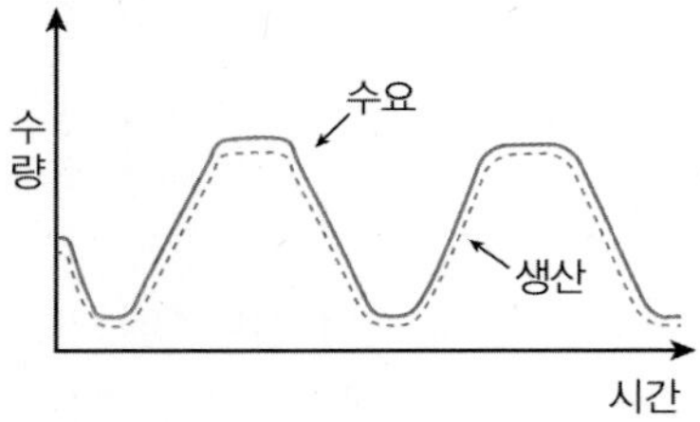

② 공급 평준화(평균화) 전략

특징	수요 변동에 상관없이 일정 수준의 고용과 공급량을 유지하는 전략
장점	인력이나 장비를 안정적으로 운영할 수 있음.
단점	초과 수요나 초과 공급 상황이 될 수 있기 때문에 재고 관리에 부담

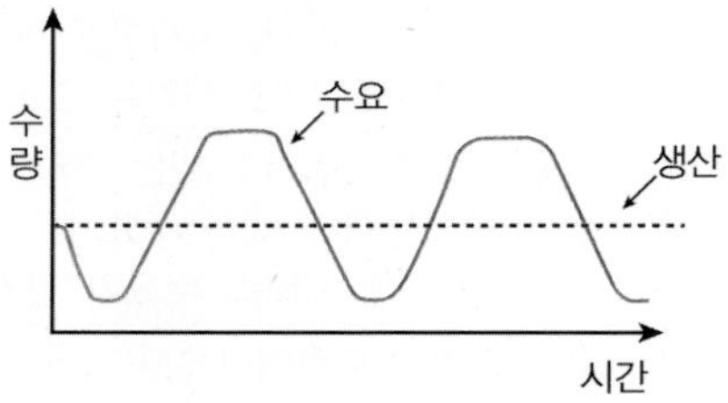

③ 혼합 전략

수요 추구형 전략과 공급 평준화 전략을 혼합하여 총비용이 최소가 되도록 하는 전략이다.

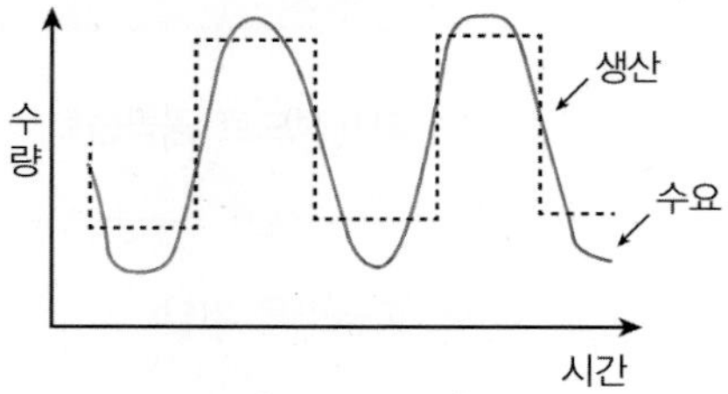

3. 주문 공급 모형

① 의의

㉠ 주문 공급 모형은 자체적인 공급능력을 보유하지 않은 기업들이 주문을 통해 공급량을 조달하는 것을 설명한다.

㉡ 필요한 상품과 서비스를 주문할 때에는 주문량과 주문 시기를 결정해야 하는데, 이를 바탕으로 고정 주문량 모형, 고정 주문 간격 모형, 일회 주문 모형으로 구분한다.

② 고정 주문량 모형

㉠ 고정 주문량 모형은 주문량이 고정되어 있고, 주문 시점과 주문 간격을 신축적으로 바꾸는 방식으로 가장 많이 사용되는 기준은 경제적 주문량 모형(EOQ : Economic Order Quantity)이다.

㉡ 경제적 주문량 모형에서는 주문량과 재주문 시점에 대한 의사결정이 중요하게 작용한다.

㉢ EOQ 모델의 가정

- 수요율은 일정하고 다른 제품의 수요에 영향을 받지 않으며 연간 수요량은 확정적
- 조달기간은 일정하며 주문량은 전량 일시에 입고되므로 분할 납품은 없음.
- 재고유지비용은 평균재고에 비례하며, 1회 주문비용은 주문량에 관계없이 일정
- 재고부족 또는 품절은 없으며 일시 대량구입에 따른 가격할인은 없음.

㉣ EOQ 모형의 이해

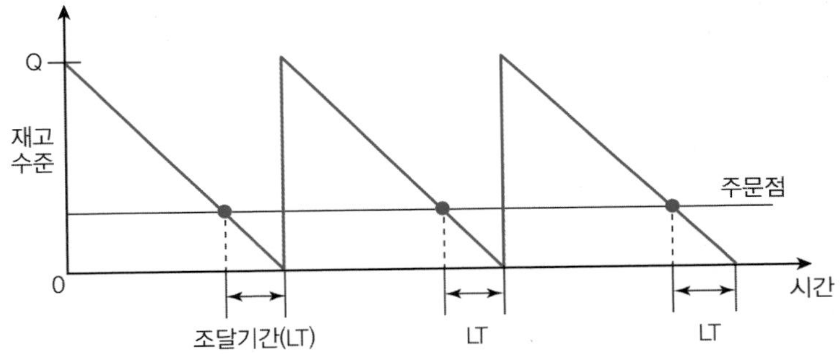

- EOQ에 대한 이해는 Q 단위의 주문량이 입고됨으로써 시작 → 시간이 경과함에 따라 일정률로 재고가 감소되는 것을 나타내며 재고 보유량이 조달기간 동안 수요를 만족하기에 충분할 때 공급업자에게 Q 단위의 주문이 이루어짐.
- 재고는 매일 일정한 수량이 출고되어 사용됨으로써 재고수준은 일정한 비율로 감소
- 재고수준이 재주문점(ROP)에 이르게 되면 재고를 보충하기 위하여 새로이 Q만큼 주문
- 수요율과 조달기간이 일정하므로 주문한 품목은 정확히 재고수준이 0에 도달할 때 도착
- 재고유지비용과 주문비용은 상충관계(반비례)로 나타나며 주문의 크기가 변함에 따라 재고유지비용은 증가하지만 주문비용은 감소하기 때문임.

③ 고정 주문 간격 모형

㉠ 고정 주문 간격 모형은 매번 주문 간격은 고정되어 있으나 주문량을 신축적으로 바꾸는 방식이다.

㉡ 재고조사는 정기실사방식(periodic review system)을 적용하며, 기간으로는 주, 월 또는 분기 등을 적용할 수 있다.

㉢ 고정 주문 가격 모형에서 주문량을 주기적 주문량(POQ : Periodic Order Quantity)이라고 한다.

㉣ 장단점

장점	단점
• 주기적으로 재고 수준을 점검하기 때문에 통제 비용 적게 소요 • 같은 공급자에게 반복 주문을 하므로 주문비용 절감	• 주문 간격과 리드 타임을 같이 관리해야 함. • 안전 재고 수준이 높음. • 주문 기간과 시점이 정해져 있기 때문에 관리의 유연성이 낮음.

④ 일회 주문 모형

㉠ 일회 주문 모형은 유통 기한이 있는 서비스를 대상으로 한다. 휴가 시즌이나 명절 등의 경우 그 기간이 지나면 더 이상 수요가 발생하지 않는다.

㉡ 공급량이 수요량보다 적을 경우 수요를 포기할 수밖에 없고, 공급량이 수요량보다 많을 경우에는 남은 공급량을 폐기해야 한다.

㉢ 일회 주문 모형에서는 일회성 수요이기 때문에 주문 시점을 고려할 필요는 없고 주문량만 정하면 된다.

4. 서비스의 공급 관리 전략

수요가 많은 상황 → 공급 증대, 수요 감소 전략 추진	수요가 적은 상황 → 공급 감소, 수요 증대 전략 추진
• 가용능력의 일시적 확장 • 임시종업원의 채용 • 종업원의 다기능화 훈련 • 고객의 참여 확대(셀프서비스 등) • 피크타임의 운영절차 도입 • 가용능력의 공유 • 가용능력의 임차 • 아웃소싱	• 시설, 장비의 유지관리 및 개·보수 • 종업원 교육 훈련 • 가용능력의 임대 • 종업원 감원 • 과잉설비 매각 • 서비스 상품 개량 또는 개발

서비스 공급 및 수요 관리

제 3 장 단원 기출문제

PART 1 일반형

01 서비스 수요의 특성으로 옳지 않은 것은?

① 서비스는 재고의 저장이 불가능하거나 어렵다.
② 서비스는 시간과 공간의 제약이 따르는 경우가 많다.
③ 서비스 수요량이 공급량을 넘어서면 넘치는 수요는 포기해야 한다.
④ 대부분의 서비스 수요는 눈에 보이지 않고 만들어지면 바로 소비된다.
⑤ 서비스 수요는 즉시 제공되지 못해도 수요 자체가 사라져 버리지는 않는다.

해설 서비스 수요는 무형성, 비분리성, 이질성, 소멸성의 특성을 내포한다. 이 중 소멸성의 문제는 서비스 수요는 즉시 제공되지 못할 경우 수요 자체가 사라져 버리는 것과 관련된다.

02 다음 서비스 수요를 예측하는 기법들 중 나머지와 성격이 가장 다른 하나는?

① 델파이법
② 시장 실험법
③ 시계열 분석법
④ 구매 의도 조사법
⑤ 판매원 의견 통합법

해설 서비스 수요를 예측하는 기법은 크게 질적 예측 기법(정성적 예측 기법, qualitative method)과 정량적 예측 기법(계량적 예측 기법, quantitative method)으로 구분된다. 시계열 분석법은 정량적 예측 기법에 해당하고 나머지는 모두 정성적 예측 기법에 해당한다.

정답 01 ⑤ 02 ③

03 특정 기간의 수요 변화 모습을 분석하는 과정에서는 여러 수요의 변화 모습이 나타날 수 있다. 이에 대한 설명으로 적절하지 않은 것은?

① 추세란 일정 기간 동안 어느 한 방향으로 일관된 변화 모습을 나타내는 수요의 모습이다.
② 계절 효과는 일반적으로 1년을 기준으로 반복되는 순환 변동으로 자연의 변화나 인간의 기본적 소비 속성으로 생기는 경우가 많다.
③ 설명 가능한 사소한 변동이나 설명 불가능한 변동을 설명할 수 있는 효과는 무작위 효과라고 한다.
④ 순환 주기 효과는 계절 효과처럼 반복되는 순환 변동을 의미하고, 1년 미만의 기간 동안 발현되는 변동이다.
⑤ 원인 규명이 어려우며 패턴의 원인을 발견하기가 어려워 효과 대비 많은 비용이 예상되는 경우에는 무작위 변동으로 설명하기도 한다.

해설 순환주기 효과의 경우 어느 정도의 기간 동안 발현되는지도 지정되지 않는 경우가 많다.

04 수율 관리의 적합성에 대한 설명으로 가장 적합하지 않은 것은?

① 가용능력 변경비용은 높고 한계판매비용은 낮은 상황에서 수율 관리 적합성은 높아진다.
② 사전 판매 혹은 선불 판매를 할 수 있는 상황에서 수율 관리의 적합성은 높아지게 된다.
③ 서비스 판매가 이루어지지 못하면 서비스 가용 능력이 소멸되는 경우에 수율 관리가 더 적합하다.
④ 고객의 서비스 수요에 대한 변동성이 높아서 성수기와 비수기의 구분이 명확하고 계절적인 수요가 발생하는 상황에서 수율 관리의 적합성은 높아진다.
⑤ 서비스 공급이 제한되어 일정 수준 이상의 서비스 수요가 발생하여, 공급량 이상의 수요에 대해서는 포기해야 하는 상황에서는 수율 관리 적합성이 낮아진다.

해설 서비스에서 수율(yield) 관리는 가용 능력이 제한된 서비스에서 수요–공급의 관리를 통해 수익을 극대화하는 것을 말한다.
가용능력 변경비용은 높고 한계판매비용은 낮은 상황. 서비스 가용 능력을 변경하는 비용이 높아서 수요의 변동에 맞추어 서비스 공급 능력을 쉽게 조절할 수 없는 경우, 즉 서비스 공급이 제한되어 일정 수준 이상의 서비스 수요가 발생되면 공급량 이상의 수요에 대해서는 포기해야 하는 상황에서 수율 관리의 적합성은 높아진다.

정답 03 ④ 04 ⑤

05 **수요의 불확실성을 보완하기 위하여 예약시스템을 활용하는데 예약시스템을 설계하는 과정에 대한 설명으로 적절한 것은?**

① 미리 도착하는 고객들은 먼저 서비스를 제공할 수 있는 시스템을 설계하여야 예약시스템을 원활히 관리할 수 있다.

② 고객이 제시간에 도착하지 않는 비도착률을 감안해야 하는데 평균 예약 취소율을 감안하여 초과 예약을 계산한다.

③ 고객에게 제공할 수 있는 최대 서비스 시간을 기준으로 예상 도착 간격을 정하고 서비스 제공자의 휴식 시간을 감안한 예약 간격을 설정한다.

④ 마지막 고객의 경우 예약을 이행하지 않았을 경우 서비스 능력의 유휴시간으로 이어지게 되므로 신중히 결정하여야 한다.

⑤ 전제 서비스 제공 가능 시간에 휴식 시간과 비예약고객을 위한 서비스 시간을 포함시켜 예약간격으로 나누면 예약 일정을 결정할 수 있다.

✦해 설 ① 미리 도착하는 고객들은 먼저 서비스를 제공할 수 있는 시스템은 일찍 와야 먼저 서비스를 제공받을 수 있기 때문에 시스템이 예약이 필요 없게 된다.

③ 고객에게 제공할 수 있는 평균 서비스 시간을 기준으로 예상 도착 간격을 정하고 서비스 제공자의 휴식 시간을 감안한 예약 간격을 설정한다.

④ 첫 번째 고객의 경우 예약을 이행하지 않았을 경우 서비스 능력의 유휴 시간으로 이어지게 되므로 신중히 결정하여야 한다.

⑤ 전제 서비스 제공 가능 시간에서 휴식 시간과 비예약고객을 위한 서비스 시간을 제외시켜 예약 간격으로 나누면 예약 일정을 결정할 수 있다.

정답 05 ②

06 **서비스에 대한 고객 기대에 영향을 미치는 요인에 대한 설명으로 적절하지 않은 것은?**

① 구전 커뮤니케이션 – 구전으로 전해지는 정보는 편견이 없기 때문에 정보가치성이 높다.
② 과거 경험 – 현재 이용하려는 서비스기업에서 경험한 것만을 토대로 고객의 희망 및 예상 기대 수준을 결정한다.
③ 명시적 서비스 약속 – 기대에 영향을 미치는 요인 중 서비스 제공자가 통제할 수 있는 몇 안 되는 요인 중 하나이다.
④ 지각된 서비스 대안 – 고객이 서비스를 얻을 수 있는 다른 제공자를 알고 있으면 고객이 기대하는 최저 서비스 수준이 높을 것이다.
⑤ 예상서비스 – 거래와 교환이 이루어지는 동안에 고객이 예측하는 수준으로, 만일 고객이 서비스가 좋을 것으로 예측한다면 최저 서비스 수준은 높아질 것이다.

해 설 현재 이용하려는 서비스 기업과 관련된 경험만을 과거 경험으로 보는 것은 극히 제한적인 관점이다. 즉, 고객들은 해당 기업뿐만 아니라 유관 기업들의 경험들도 비교하여 기대를 형성한다.

PART 2 O/X형

07 **서비스 수요와 공급의 불일치 조절을 위하여, 파트타임 종업원을 추가로 고용하는 것은 성수기 공급 증대 전략에 해당한다.**

(① ○ ② ×)

해 설 성수기, 비수기에 수요, 공급 조정 전략 중 파트타임 종업원 추가 고용은 성수기 공급 증대 전략에 해당한다.

정답 06 ② 07 ①

PART 3 연결형

※ 다음 설명이 의미하는 적합한 단어를 선택하시오.

① EDD	② SPT	③ LPT
④ FCFS	⑤ LS	

08 서비스를 처리하는 순서의 배정 규칙 중 먼저 온 순서대로 서비스를 제공하여 단순성과 공정성이 있는 기준

( )

PART 4 사례형

09 다음은 A 가구 회사의 서비스에 대한 품질 비용의 설명으로 가장 옳은 것은?

> 직원 1 : 저희 회사가 직원들에 대한 교육 프로그램 중 가구의 설치 및 운반 능력 향상 교육 등을 다양화하고 횟수도 종전보다 30% 가량 늘린 결과, 직원들이 가구를 설치, 운반하는 등에 있어 고객들의 만족도가 높아진 것 같습니다.
> 직원 2 : 그뿐만이 아니라, 실제로 가구를 납품, 설치 후에 문제가 있어 고객의 클레임을 처리하거나 A/S를 하는 비용이 실제로 감소하였습니다.

① 직원 1의 발언은 서비스에 대한 품질 비용 중 평가 비용과 관련이 깊다.
② 직원 2의 발언은 서비스에 대한 품질 비용 중 예방 비용과 관련이 깊다.
③ 직원 1의 발언은 서비스에 대한 품질 비용 중 내부 실패 비용과 관련이 깊다.
④ 직원 2의 발언은 서비스에 대한 품질 비용 중 외부 실패 비용과 관련이 깊다.
⑤ 서비스 품질 관리가 우수한 기업의 품질 비용은 일반적으로 P가구 회사와 같이 서비스 실패 사전 방지를 위한 비용의 비중이 낮다.

해설 ①, ③ 직원 1의 발언은 예방 비용과 관련 있다.
② 직원 2의 발언은 외부 실패 비용과 관련 있다.
⑤ 서비스품질 관리가 우수한 기업은 서비스 실패 사전 방지를 위한 비용의 비중이 높다.

정답 08 ④ 09 ④

10 다음은 신문 기사 중 일부이다. 이에 대한 내용으로 가장 옳지 않은 것은?

〈2014년 3월 P 신문 기사 중 일부〉

항공권은 같은 날 같은 비행기에 나란히 앉아 같은 목적지에 가더라도 옆자리에 앉은 사람의 표와 가격 차이가 날 수 있다. 어떤 조건의 항공권을, 언제 예매했느냐에 따라 요금이 달라지기 때문이다. 항공권 예약을 일찍 할수록 요금은 더 저렴해진다. 항공사들은 선 구매를 조건으로 항공권을 할인해주는 '조기 발권(Early Bird)' 서비스를 상시화 운영하고 있다.

① 항공사의 정책은 성수기, 비수기 등의 수요의 변동성이 높은 경우에 보다 적합성이 있다.
② 수요에 따라 좌석을 바로 늘릴 수 없는 특징은 기사 내용의 항공사 정책의 적합성을 낮추는 요인이 된다.
③ 항공사들은 '조기 발권' 정책 등을 활용하여, 가용 능력이 제한된 서비스에서 관리를 통하여 수익 극대화를 추구한다.
④ 위와 같은 정책이 가능한 이유는 고객의 욕구, 가격지불의도 등에 따라 몇 개의 세분시장으로 구분 가능성이 있기 때문이다.
⑤ 매번 항공기 좌석을 100% 채워서 운행할 수는 없는데, 이러한 빈 좌석은 소멸된다는 특성이 기사 내용의 항공사 정책의 적합성을 높인다.

해 설 신문 기사의 내용은 항공사의 정책 중 수율 관리에 관한 내용에 해당하는 것으로 항공사 정책의 적합성을 높이는 것이다. 즉, 수요에 따라 좌석을 바로 늘릴 수 없는 특징에 따라 사전 판매를 가능하도록 하고, 일정 수준 이상의 수요가 발생되면 공급량 이상의 수요는 포기하는 것이다.

정답 10 ②

11 **다음은 백화점에서 진행되는 백화점 매장별 직원들 사이의 대화이다. 다음 중 옳지 않은 것은?**

> 모피 매장 직원 : 요즘 7월은 여름 더위가 한창이지만, 저희 매장은 대대적인 모피 할인 행사를 통하여 고객들을 끌고 있어요. 겨울에 모피를 구입하는 것에 비해 많은 할인 혜택이 있기 때문에 고객들이 여름에도 모피를 구입하러 많이들 옵니다.
>
> 빙수 매장 직원 : 아, 그렇군요. 저희 빙수 매장은 여름철이 되니 빙수를 찾는 사람이 하루 기준 2배 정도 증가해서 일시적으로 파트타임 아르바이트생을 몇 명 더 채용했어요.
>
> 명품 매장 직원 : 저희 매장의 이 가방은 일시 품절인데, 해외 본사로부터 재고 입고가 될 때까지 고객이 원할 경우 예약만 받고 있어요.
>
> 곰탕 매장 직원 : 저희 매장은 여름에 상대적으로 손님이 적은 편이라 직원들이 여름휴가를 많이 가는 편입니다.
>
> 화장품 매장 직원 : 그나저나 저도 여름휴가를 가려 하니, 모든 호텔이 손님이 많아서인지 평소 가격보다 더 비싼 가격을 받더라고요.

① 모피 매장의 경우는 비수기 수요 진작 전략에 해당한다.
② 빙수 매장의 경우는 성수기 수요 증대 전략에 해당한다.
③ 명품 매장의 경우는 성수기 수요 감소 전략에 해당한다.
④ 곰탕 매장의 경우 비수기 공급 조정 전략에 해당한다.
⑤ 호텔의 경우는 성수기 수요 감소 전략에 해당한다.

✦ **해 설** 빙수 매장의 경우는 성수기 공급 증대 전략에 해당한다.

정답 **11** ②

12 다음은 의류를 제작하여 판매하는 인터넷 쇼핑몰의 직원들 사이의 대화이다. 서비스 공급 능력 계획과 관련하여 대화의 내용에 대한 설명 중 가장 올바른 것은?

> 직원 1 : 저희는 사전에 일정량 이상의 의류 제품 A를 미리 제작해 놓기보다, 매월 사전 구매 접수를 통하여 구매 의사자의 접수를 받은 후에, 그때그때 맞추어 제작에 들어가서 수요자들에게 공급하는 방식이 좋을 것 같아요.
> 직원 2 : 그렇게 하면 좋을 수도 있지만 때론 주문이 갑자기 많이 몰리게 되면 주문을 다 받지 못할 수도 있어요. 차라리 그동안 평균적인 판매량이 있으니 그만큼은 항상 제작하여 공급하는 방식이 좋을 것 같아요.

① 직원 1의 방식으로 공급 능력을 계획시, 재고 관리가 부담이 된다.
② 직원 1의 방식은 제작 인력이나 제작 장비를 안정적으로 유지할 수 있다.
③ 직원 1의 방식으로 공급시, 사후 제작 시간 소요로 제품을 받을 때까지 시간이 길어지면 구매 취소로 이어질 수 있다.
④ 직원 2의 방식으로 공급 능력을 계획시, 재고가 남거나 부족한 문제가 발생하지 않는다.
⑤ 직원 2의 방식으로 공급 능력을 계획시, 서비스 인력을 그때그때 채용하여야 하는 비용이 많이 든다.

✦해설 직원 1의 방식은 수요추구형 전략에 가까우며, 직원 2의 방식은 공급평균화 전략에 가깝다. 수요추구형 전략은 재고 관리의 부담이 낮으나, 서비스 인력을 그때그때 채용하거나 해고하는 데 많은 비용이 든다. 공급평균화 전략은 인력이나 장비를 안정적으로 유지할 수 있는 장점이 있으나, 재고 관리가 부담이 된다.

정답 12 ③

13 **다음은 의사협회 모임에서 의사들 사이의 대화이다. 대화에 관한 내용 중 옳지 않은 것은?**

A : 요즘은 병원도 경영 관리가 중요한 거 같아요. 그래서인지, 일시적으로 환자가 증가하더라도 의사를 추가로 뽑는 경우보다는, 파트타임 의사를 고용하는 경우가 더 많은 것 같아요.
B : 저희 안과 병원은 100% 예약시스템으로 운영하고 있어요. 사전에 예약을 하지 않은 환자는 검사나 기본적인 진료를 바로 받아볼 수가 없어요.
C : 저희 병원은 기존에 1층에 있던 대기실을 변경하여, 대기실 겸 커피숍으로 함께 운영함으로써 시설 낭비를 최소화하고 있어요.
D : 저희 병원은 시력 교정 수술 환자 추가 유치를 위해서 친구, 가족 등의 환자가 함께 수술을 받을 경우 수술 비용을 할인해주는 이벤트를 실시하고 있어요.
E : 병원마다 다양한 경영 관리를 하고 있네요. 저희 병원은 직장인 환자들이 늘고 있는 추세에 따라 일주일에 2번 저녁 9시까지 추가 야간 진료를 하고 있어요.

① A의 파트타임 의사의 고용은 일시적인 공급 증대 전략에 해당한다.
② B의 100% 예약시스템은 환자 수요를 분산시키기 위한 수요 조정 전략의 성격이 있다.
③ C의 병원의 경우, 서비스 시설의 변경을 통한 비수기 공급 조정 전략의 성격이 있다.
④ D의 병원의 함께 수술을 받을 경우 수술 비용을 할인해 주는 이벤트는 수요 증대 전략의 성격이 있다.
⑤ E의 병원의 추가 야간 진료는 수요 감소 전략의 성격이 있다.

해 설 E병원의 추가 야간 진료는 의사들의 추가적인 노동시간이라는 측면에서는 공급 증대 전략의 성격에 해당한다.

정답 13 ⑤

PART 5 통합형

[14-15] 다음은 서비스 수요와 공급 관리의 여러 사례들이다.

사례 1 : A 패밀리 레스토랑은 고객이 매장에 입장해서 착석시, 주문을 받음과 동시에 웨이팅 푸드인 빵을 제공하고 있다. 또한, 점심시간 등 고객이 몰리는 시간대에 매장에서 식사가 아닌 도시락으로 포장시에는 같은 음식의 가격이 더 저렴하다.

사례 2 : B 샐러드 뷔페 식당의 가격체계는 평일 점심, 평일 저녁, 주말(공휴일) 가격으로 구분하여, 평일 점심에는 17,000원, 평일 저녁은 23,000원, 주말과 공휴일에는 24,000원의 가격체계를 유지하고 있다.

사례 3 : C 패밀리 레스토랑은 평일 점심에는 수프, 메인요리, 커피를 한 세트로 구성한 런치세트 메뉴를 저렴하게 공급하고 있으며, 저녁 8시 30분 이후에 방문하는 고객에게는 애피타이저를 무료로 제공하고 있다. 이 패밀리 레스토랑은 국내 친환경 농가와 직거래를 통하여 식자재의 공급을 받고 있다.

사례 4 : 과거에는 해외여행시, 공항 면세점을 이용하기 위해 공항에 매우 빨리 가는 사람이 많았으나, 요즘은 사전에 인터넷 면세점을 이용하는 사람들이 많아지고 있다. 인터넷 면세점은 대기 시간 없이 물건을 구매할 수 있고 공항 면세점보다 추가적인 할인을 받을 수 있는 경우도 있다.

사례 5 : D 택배회사는 기존의 기본 배송 서비스 외에 안전한 물류 배송을 위한 고객 안심 서비스, 빠른 서비스를 위한 당일 배송 서비스를 제공한다.

14 위의 사례들에 대한 서비스 대기 관리와 관련된 설명 중 가장 옳지 않은 것은?

① 사례 1에서 웨이팅 푸드를 제공함으로써 고객은 실제 주문한 음식이 나오기까지 대기한 시간을 실제 시간보다 짧게 느낄 수 있다.

② 사례 1에서 고객들은 손님들이 많아 기다려야 하는 경우, 도시락 포장을 이용한다면 저렴한 가격으로 이용할 수 있으며 대기 시간을 피할 수 있다.

③ 사례 4의 인터넷 면세점을 대체 채널로 이용하면, 공항 면세점의 대기 문제를 감소시킬 수 있다.

④ 사례 4의 인터넷 면세점 고객은 가격 할인의 인센티브도 받으며 대기 시간을 줄일 수 있고, 이로 인해 서비스 공급자는 서비스 용량 수준도 관리할 수 있을 것이다.

⑤ 사례 1, 4의 고객 대기는 고객 개인 선택의 문제이므로, 서비스 공급자가 고객이 대기 시간을 어떻게 지각하는가에 대한 관심은 불필요하다.

해설 고객의 지각된 대기 시간이 고객의 불만을 가져올 수 있으므로 대기 시간에 대한 지각에 관심을 두어야 한다.

정답 14 ⑤

15 **사례의 서비스 기업의 전략에 관한 다음의 내용 중 가장 옳지 않은 것은?**

① 사례 2와 같이 차별적 가격 결정이 가능한 이유는 수요가 많이 집중되는 시점과 수요가 적은 시점이 어느 정도 구분되기 때문이다.

② 사례 3의 식자재 직거래는 식자재의 안정성을 확보하고자 하는 공급 관리 방안이다.

③ 사례 3의 저녁 8시 30분 이후 고객에게 애피타이저 제공은 일반적인 저녁식사 시간이 지난 이후의 추가적인 공급을 창출하기 위한 방안이다.

④ 사례 4에서 가격에 민감한 고객은 추가적인 할인을 받기 위해서 가격에 덜 민감한 고객에 비하여 인터넷 면세점을 이용할 가능성이 높다.

⑤ 사례 5의 택배회사는 서비스 상품의 다양화를 통한 수요 창출 전략을 사용하고 있다.

해 설 사례 3에서 저녁 8시 30분 이후 고객에게 애피타이저를 제공하는 것은 일반적인 저녁 식사 시간이 지난 이후의 추가적인 '공급'이 아닌 '수요'를 창출하기 위한 방안이다.

정답 15 ③

제 4 장 서비스 인적자원관리(HRM)

1 인적자원관리의 이해

핵심 키워드

인적자원관리의 개념, 인적자원관리의 중요성, 인적자원관리의 성격, 인적자원관리의 범위

1. 개요

① 인적자원관리(human resource management)라는 용어는 1970년대 초반부터 널리 사용되기 시작했으며, 이는 사람을 생산 요소가 아닌 자원으로 보고 있음을 의미한다.

② 인적자원관리에서는 조직의 목표와 개인의 욕구를 동시에 충족시키는 접근방식이 강조되고 있다.

③ 조직은 개인적, 조직적, 사회적 목적을 달성하기 위해 구성원들을 훈련하고, 교육하고, 개발한다.

2. 인적자원관리의 중요성

전략적 자산	기업에서 경영의 주체는 사람이므로 인적자원은 기업의 가장 소중한 전략적 자산임.
조직 목표달성	인적자원의 확보와 관리는 조직의 목표를 달성하는 핵심 요소임.
조직 역량 자원	인적자원을 통해 창출되는 조직 역량은 비교적 장기간에 걸쳐 생성되며 경쟁 기업과도 차별됨. → 조직 역량이 조직 문화로 될 때 지속적인 경쟁력의 원천이 됨.
고객 만족	서비스 접점에서 종업원의 태도는 고객 만족과 조직의 성과로 직결됨.

3. 인적자원관리의 성격

합리성	• 경제적 합리성과 인간성의 동시 추구 • 인적자원관리는 직원이 창출되는 노동 상품이 하나의 인격체라는 인식에서 출발 • 경제적 합리성의 기반 없는 인적자원의 개발은 불가 → 인적자원관리 활동에 따라 경제적 합리성이 변화하기 때문에 종업원의 존엄성(인간성)을 무시할 수 없음.
자율성	• 인적자원은 능동적이고 자율적임. → 인적자원관리의 성과는 구성원의 욕구, 동기, 태도, 행동, 만족감에 등에 따라 달라짐. • 조직의 경영자가 인적자원을 얼마나 효율적으로 관리하느냐에 따라 경영 성과의 차이 발생
책임성	각 인적자원은 담당할 수 있는 직무가 다르고, 직무 수행 능력이 각기 다르므로 그 책임 영역 또한 상이함.

4. 인적자원관리의 범위

선발	서비스 특성에 적합한 고객 만족형 인적자원을 채용하고 선택하는 과정
교육 훈련	직원의 능력 개발을 목표로 지식, 태도, 기술을 향상시키는 과정 → 개인의 만족도를 높이고 기업의 생산성 제고에 기여하도록 함.
보상	금전적, 비금전적 보상을 통해 동기를 부여
경력 개발	개인적인 경력 목표를 장기적으로 설정하고 이를 달성하기 위한 경력을 수립 → 조직의 욕구와 개인의 욕구가 일치될 수 있도록 경력을 개발
이직	기업의 경쟁력, 프로젝트의 결과 및 성공 여부, 긍정적인 감정의 유지 등과 관련 있으므로 이직의 원인을 파악하고 관리해야 함.
복리 후생	기업이 직원에게 부가적으로 제공하는 급여 → 경제적 안정과 생활을 질을 개선시켜 성과 향상과 동기부여에 기여
평가	직원의 업무 수행 능력과 업적, 근무태도를 객관적으로 평가 → 직무 수행 능력을 유지, 개선, 발전시키는 데 활용

2 서비스 인력 개발

핵심 키워드

인적자원의 확보 관리, 모집, 선발 및 배치, 인적자원의 개발 관리

1. 인적자원의 확보 관리

① 인적자원의 확보 관리는 인력계획을 전제로 하여 모집, 선발, 배치 활동의 순서로 이루어진다.

② 인력계획은 조직 내에서 퇴직, 해고, 이동, 승진 등에 따른 현재 및 미래의 직무공백을 분석하고, 조직의 확장이나 변경에 대비하여 조직의 인력 흐름을 조절하는 것을 말한다.

③ 인적자원의 확보 관리는 조직의 목표달성에 필요한 직무의 효율적 수행을 전제로 하므로 직무분석의 결과에 따라 합리적으로 이루어져야 한다.

2. 모집, 선발 및 배치

① 모집

㉠ 모집은 직무의 공석이 생기거나 생길 가능성이 있는 경우 조직에서 필요한 인력들이 지원하도록 유인하는 것이다. 모집이 효율적일 경우 우수한 인력을 확보할 가능성은 높아진다.

㉡ 모집은 사내 인력을 대상으로 이루어질 수도 있으며, 사외 인력을 대상으로 이루어질 수도 있지만 사내 모집을 원칙으로 해야 한다.

구분	내부 모집(사내 모집)	외부 모집(사외 모집)
특징	• 인사고과 기록 등을 활용하여 조직 내부에서 적격자를 찾는 방법 • 전직이나 직무 순환, 추천, 사내 공개 모집 제도, 관리자 목록 등을 참고	• 외부 인력 시장(채용 홍보, 취업 설명회, 박람회 등)을 통해 선발 대상자 모집
장점	• 추가적인 홍보 활동 없이 직원의 동기 부여에 좋은 영향을 미칠 수 있음. → 재직자의 개발 동기 부여와 장기 근속 유인 • 이미 능력이 검증된 사람 채용 • 충원과 훈련, 조직에 적응하는 데 소비되는 시간과 비용 단축 • 성장기 정체기에 내부 충원은 재직자의 직장 안전 제공	• 새로운 아이디어와 견해 유입 • 연쇄 이동 효과에 따른 혼란이 없음. • 급성장기의 수요 충족에 유리 • 경력자 채용시 직무 훈련 비용 절감 • 기업의 급격한 전환기에 외부 충원이 효과적임.
단점	• 조직 내부 정치와 관료제로 비효율적일 수 있음. • 조직 내부 이동의 연쇄효과로 혼란 야기 • 고용평등법을 충족시키지 못할 위험 야기 • 모집의 원천이 다양하지 않음.	• 시간 및 선발 비용 소요 • 선발 점수와 입사 후 성과 간의 불일치 가능성 • 재직자의 사기 저하 위험

② 선발

㉠ 선발은 모집 활동을 통하여 응모한 사람들 중에서 조직이 필요로 하는 자질을 갖춘 인물을 선택하는 것이다.

㉡ 선발 도구는 크게 시험과 면접으로 구분되는데, 이때 도구는 신뢰성과 타당성을 갖추고 있어야 한다.

타당성	신뢰성
검사 도구가 실제 측정하고자 하는 것을 실제로 얼마나 잘 측정하고 있는지를 나타냄.	검사 도구가 측정하고자 하는 것을 얼마나 일관성 있게 평가하는지를 나타냄.

㉢ 선발 도구의 특징

시험	필기 시험, 적성 검사(특정 직무에서의 성공 가능성과 잠재적 능력), 인성 검사, 지능 검사, 흥미 검사 등
면접	• 정형적 면접 : 구조적 면접 또는 지시적 면접 방식 → 직무명세서를 기초로 질문 목록을 사전에 준비하고 면접 진행 • 계획적 면접 : 심층 면접 또는 행동 면접 방식 → 잠재적인 성공이나 실패의 가능성을 찾기 위해 실시 • 패널 면접 : 다수의 면접자가 1명의 피면접자를 면접하는 방법 → 면접 후 피면접자에 대한 의견교환 및 광범위한 평가 가능 • 비지시적 면접 : 피면접자인 지원자에게 최대한 의사 표시의 자유를 주고, 그 가운데서 지원자에 관한 정보를 얻는 방법 → 고도의 질문 기법과 훈련 필요 • 스트레스 면접 : 대인적인 압박감이 많은 특수한 직장 환경에서 직무를 수행할 수 있는 능력이 있는지의 여부를 평가하기 위해 행해지는 면접 → 좌절에 대한 인내성을 관찰

③ 배치

㉠ 배치는 선발된 인원을 적성, 희망, 능력에 따라서 적절한 직무에 할당하는 것이다.

㉡ 배치에 있어서는 적재적소주의, 실력주의, 인재육성주의, 균형주의 등의 원칙에 입각하여 인간과 직무의 적절한 대응이 이루어지도록 유의해야 한다.

3. 인적자원의 개발 관리

① 의의

㉠ 현대의 인적자원관리에서 개발 관리는 경력개발제도(CDP : Career Development Program)를 중심으로 체계화시킬 수 있다.

㉡ 개발 관리의 2대 과제는 일단 확보한 종업원을 체계적으로 이동・승진시키는 활동과, 이동・승진된 뒤 변경된 직무를 효율적으로 수행할 수 있도록 직무순환 및 교육훈련을 시키는 활동이며, 이는 다시 경력 관리라는 통합적 활동으로 연결된다.

② 인력개발

㉠ 인력개발(human resource development)이란 조직 내 인력자원을 기업의 장・단기 전략 및 목표를 달성하는 데 중요한 수단으로 간주하고, 조직의 전략 및 목표에 맞게 개발함으로써 인력자원의 효율적 활동을 통하여 궁극적으로 조직의 유효성을 증진하는 기능을 말한다.

㉡ 인력개발이란 개인개발, 경력개발, 조직개발의 세 가지 기능이 함께 어울려 수행되었을 때 진정한 효과를 기대할 수 있다.

개인개발	• 종업원 자신이 현재 종사하고 있는 직종에 관련된 새로운 지식, 기술을 습득하고 긍정적 태도 및 행동을 보이게 함으로써 업무 향상을 꾀하도록 인력개발을 하는 방법 • 개인개발의 방법에는 공식적 교육도 포함되지만, 주로 실무 교육을 통한 비정규적・비공식적 교육이 주종을 이룸.
경력개발	• 조직이 미래사업에 배치할 인력개발을 목적으로 미래직무에 필요한 기술을 개발하기 위하여 개인의 관심, 가치관, 적성, 활동 및 업무 등을 파악하는 개발 과정 • 경력개발 방법으로는 경력계획, 경력인식, 경력정보 이용, 경력상담 이용 등 개인적 활동과 직무고시제도, 멘토제도, 경력정보센터 운용, 경력개발 세미나, 인력수급 계획, 경력경로 설계 등 조직적 활동이 있음.
조직개발	• 조직구조 전체를 하나의 시스템으로 보고 인력자원과 관련된 여러 가지 조직 변수, 즉 조직구조・문화・과정・전략 등의 상호작용을 분석 → 그들 변수와 업무에 관한 문제들을 해결함으로써 전체 조직을 새롭고 창조적인 체제로 개선하여 나가는 방법 • 조직개발은 주로 조직진단, 종업원 태도조사 등을 통하여 조직의 건강 상태를 파악하고 문제점이 도출되면 그것을 해결하기 위한 조직처방을 시도하게 됨.

3 직무분석/평가 및 보상

핵심 키워드

직무분석의 개념, 직무정보 수집 방법, 직무기술서와 직무명세서, 직무평가의 개념, 직무평가의 방법, 인사고과, 보상관리

1. 직무분석의 개요

① 직무분석의 개념

㉠ 직무분석이란 직무에 대한 정보를 수집하고 이를 분석하여 직무의 내용을 파악하는 과정이다.

㉡ 각 직무 수행에 필요한 지식, 숙련, 책임 등의 제 요건을 명확히 하는 것과 관련되며 채용, 배치, 이동, 승진 등의 기준을 만드는 기초가 된다.

② 직무분석의 활용

㉠ 직무분석은 업무 개선의 기초가 되며 인사고과의 기초작업이다.

㉡ 직무분석의 결과는 종업원의 훈련 및 개발의 기준이 된다.

㉢ 직무분석은 직무급의 도입을 위한 기초작업이다.

㉣ 직무분석은 인사상담, 안전관리, 정원산정, 작업환경의 개선 등에 필요한 정보를 제공해 준다.

2. 직무분석을 위한 직무정보 수집 방법

면접법	서술된 정보, 기타 사내의 기존 자료나 실무분석을 위하여 특별히 제작된 조직도, 업무흐름도, 업무분담표 등을 자료로 하여 직무담당자를 개별적으로 혹은 집단적으로 면담하여 필요한 분석 항목의 정보를 획득하는 방법
관찰법	훈련된 직무분석자가 직무수행자를 직접 집중적으로 관찰함으로써 정보를 수집하는 것으로서 자료는 대화 형식, 체크리스트 또는 작업표로 기록 → 다른 직무담당자 혹은 다른 상황, 시간이 흐름에 따라 직무가 현저하게 바뀌지 않는 것을 전제로 하고 있기 때문에 수작업이거나, 표준화되거나, 짧은 순환 과정을 가진 활동을 많이 필요로 하는 직무에 적절
중요사건법 (중요사실기록법)	직무수행자의 직무행동 가운데 성과와 관련하여 효과적인 행동과 비효과적인 행동을 구분하여 그 사례들을 수집하고, 이러한 사례로부터 직무성과에 효과적인 행동 패턴을 추출하여 분류
워크샘플링법	단순한 관찰법을 보다 세련되게 개발 → 전체 작업 과정 동안 무작위적인 간격으로 많은 관찰을 행하여 직무 행동에 관한 정보를 획득
설문지법	직무담당자가 직무에 관련된 항목을 체크하거나 평가하도록 함. → 다른 직무분석에 비하여 시간과 비용이 절약되며, 컴퓨터를 사용하여 계량적 정보를 얻을 수 있음.

3. 직무기술서와 직무명세서

① 의의

직무기술서와 직무명세서는 직무분석의 산물이다. 직무기술서는 과업 중심적인 직무분석에 의하여 얻어지며, 직무명세서는 사람 중심적인 직무분석에 의하여 얻어진다.

② 특징 비교

직무기술서	• 직무명칭, 직무활동과 절차, 수행되는 과업, 사용되는 원재료, 다른 작업자와의 공식적 상호작용 등을 포함 • 작업조건, 조명, 소음, 작업장소, 위험한 조건 등과 작업집단의 인원수와 작업수행에 필요한 대인 간 상호작용의 양에 관한 정보 등 사회적 환경을 포함 • 고용조건, 작업시간, 임금구조, 임금형태, 부가급여, 공식조직에서 직무의 위치, 승진, 이동의 기회 등을 포함
직무명세서	직무분석 결과에 의거하여 직무수행에 필요한 종업원의 행동, 기능, 능력, 지식 등을 일정한 양식에 기록한 문서

4. 직무평가

① 직무평가의 정의

㉠ 직무평가(job evaluation)란 기업이나 기타 조직에 있어서 각 직무의 중요성, 곤란도, 위험도 등을 평가하고 다른 직무와 비교하여 직무의 상대적 가치를 정하는 체계적 방법이다.

㉡ 직무평가는 '동일노동 동일임금'을 기본원리로 하는 직무급 제도의 기초가 된다.

㉢ 직무평가는 일체의 속인적인 조건을 떠난 객관적인 직무에 대한 평가라는 점에서 직무 자체의 성질·내용 등을 조사·분석하는 직무분석과는 구별된다.

② 직무평가의 방법

서열법	• 직무의 상대적 가치들(숙련, 노력, 책임, 작업조건)을 전체적이면서 종합적으로 파악한 후 순위를 정하는 방법 • 신속하고 간편하나 비과학적이며 직무 간의 차이가 명확하거나 평가자가 모든 직무를 잘 알고 있을 때에만 적용 가능, 등급의 일정 기준이 없고 직무의 수가 많으면 실시가 어려움.
분류법	• 분류할 직무의 등급(예 상, 중, 하)을 사전에 결정하여 놓고, 각 직무를 판정하여 해당 등급에 기입하는 방법 • 적은 비용으로 간편하게 실시할 수 있으나 분류기준이 모호하고 내용이 복잡해지면 분류 자체의 정확성이 보장될 수 없음.
점수법	• 각 직무를 평가 요소별로 나누어 중요도에 따라 일정한 점수(가중치)를 배정하는 방법으로 가장 널리 이용되는 방법 • 직무의 상대적 차등을 명확히 할 수 있어 평가결과에 대한 이해도와 신뢰도를 높일 수 있으나 평가 요소별 가중치 결정이 어려움.

요소비교법	• 조직의 핵심이 되는 기준 직무를 선정하여 평가한 후 평가하고자 하는 직무를 기준 직무와 비교하여 가치를 결정하는 방법 • 평가의 기준이 구체적이어서 비교가 용이하며 합리적인 임금 산정에 적절하게 활용할 수 있으나 내용이 복잡하고 시간이 많이 소요되며 기준 직무의 선정과 평가가 어려움.

5. 인사고과

① 인사고과의 개념

㉠ 인사고과란 종업원의 태도, 성격, 적성 등을 판정하며, 종업원의 직무수행상의 업적(성과)을 측정하고, 종업원의 능력(현재능력과 잠재능력)을 파악하는 제도다.

㉡ 인사고과는 기업 내 직원의 상대적 가치를 평가하여 직원에 대한 공정한 평가와 보상, 체계적인 직원으로의 개발을 위한 절차다.

② 인사고과의 성격

㉠ 인사고과는 기업 내의 사람을 대상으로 한다. 직무평가가 직무 그 자체의 가치결정을 하는 것임에 반해, 인사고과는 본질적으로 인간을 대상으로 그 가치를 평정하는 것이다.

㉡ 인사고과는 사람과 직무의 비교를 원칙으로 한다. 즉, 종업원이 직무를 수행함에 있어서 나타나는 업적을 중심으로 파악한다. 그러므로 직무와 직무를 비교해서 직무의 가치를 평가하는 직무평가와는 다른 것이다.

㉢ 인사고과는 상대적인 평가이다. 따라서 인사고과의 결과를 절대적인 인적자원관리의 길잡이로 삼고 인력관리를 해서는 안 된다.

㉣ 인사고과는 객관성을 높이기 위하여 특정 목적에 적합하도록 조정되는 경향이 있다.

③ 인사고과의 목적 및 활용

공정 평가	• 인사고과는 객관적이면서 과학적으로 이루어져야 함. • 종업원 개개인의 성격, 근무태도, 업적 등은 물론이고 잠재능력, 개발 가능성까지 공정하게 평가할 수 있도록 되어야 함.
적정 배치	인사고과 결과를 바탕으로 종업원들의 적성과 능력을 파악하여 인재를 적재적소에 배치하는 데 활용
능력개발	종업원의 정확한 능력을 파악함으로써 인력개발에 활용
성과 측정 및 보상	종업원의 성과를 바르게 측정하고 그 성과에 따라 공정한 처우를 제공하는 데 활용
근로의욕 증진	고과를 통해서 직무담당자의 조직과의 관계나 직무조건의 결함이 발견되고 개선할 계기를 찾는 동시에 종업원의 성취의욕의 자극제로서 활용

④ 인사고과의 유형

자기 고과 (자기 평가)	• 피고과자 스스로가 자신을 평가하는 것으로 종업원의 자기 통제 의식을 높여줌. → 개인이 가진 결함을 파악할 수 있으므로 많은 조직에서 상사 평가와 혼용하여 운영 • 본인의 성과를 과대 포장할 수 있고, 평가에 주관 및 편견이 개입되기 쉬운 문제점이 있음.
상사에 의한 고과 (하향식 평가)	• 상사가 부하를 평가하는 방법으로 가장 많이 활용되고 있음. → 상사가 부하를 잘 알고 있으므로 평가 실시가 용이함. • 수직적인 상하 관계에서 평가가 이루어지므로 상사 주관이 개입되어 객관성이 결여될 수 있음.
동료에 의한 고과 (동료 평가)	• 동료 상호 간에 평가하는 방법으로 다수의 동료가 피고과자를 평가함으로써 객관성을 높일 수 있음. • 동료 간 경쟁 유발로 편파적인 평가가 될 수 있음.
부하에 의한 고과 (상향식 평가)	• 상향식 평가로 부하가 상사의 업무 수행의 태도, 능력, 부하와의 관계 등을 평가 → 조직 내 상하 간의 공식적인 의사소통을 원활하게 하는 기회 제공 • 상사의 보복이 두려워 평가가 극대화될 수 있음. → 정확한 평가가 결여됨.
다면적 고과 (다면 평가)	인사고과의 객관성과 정확성을 위해 피고과자의 상사, 본인, 동료, 부하 등이 평가를 함.

⑤ 인사고과의 기법

㉠ 전통적 기법

서열법	• 피고과자의 능력과 업적에 대하여 서열 또는 순위를 매기는 방법 • 간단하여 실시가 용이하고 비용이 적게 들지만 피고과자의 수가 많으면 서열 결정이 어렵고 주관이 반영될 수 있음.
강제할당법	• 사전에 정해 놓은 비율에 따라 피고과자를 강제로 할당하는 방법으로 피고과자의 수가 많을 때 서열법의 대안으로 주로 사용 • 정규분포를 가정하고 있으므로 피고과자의 수가 적을 때에는 타당성이 결여
평정척도법	• 피고과자의 능력과 업적을 각 평가요소별로 연속척도 또는 비연속척도에 의하여 평가하는 방법으로, 일반적으로 가장 많이 사용되고 있는 인사고과 방법 • 각 평가요소에 인위적으로 점수를 부여하므로 관대화 경향이나 중심화 경향 등의 규칙적 오류가 나타날 수 있고, 헤일로(Halo) 효과 같은 심리적 오류도 발생할 수 있음.
대조법	• 무상의 표준행동을 구체적으로 표현한 문장을 리스트로 만들어 평가자가 해당사항을 체크하여 피고과자를 평정하는 방법 • 평가결과의 신뢰성과 타당성이 높다는 장점이 있지만, 직무를 전반적으로 포함한 표준행동의 선정이 어렵다는 단점이 있음.

㉡ 현대적 기법

중요사건서술법	피고과자의 효과적이고 성공적인 업적뿐만 아니라 비효과적이고 실패한 업적까지 구체적인 행위와 예를 기록하였다가 이 기록을 토대로 평가하는 방법
인적평정센터법	평가를 전문으로 하는 평가 센터를 통해 피고과자의 다양한 정보를 활용하여 고과하는 방법
목표에 의한 관리	목표설정과 결과에 대한 평가에 상급자와 협의를 통해 종업원이 참여하여 평가하고 고과하는 기법
행위기준고과법	성원이 실제로 수행하는 구체적인 행위에 근거하여 구성원을 평가함으로써 신뢰도와 평가의 타당성을 높인 고과 방법 → 평정척도법의 결점을 시정하기 위한 시도에서 개발

6. 보상 관리

① 의의

㉠ 전통적 의미의 보상은 인적자원을 효율적으로 활용한 대가로 기업이 개인에게 주는 경제적 보상으로 임금과 복지후생으로 나눌 수 있다.

㉡ 보상은 넓은 의미를 가지며 금전적·물질적 재화뿐만 아니라 칭찬이나 인간관계에서 오는 소속감 등도 포함된다.

㉢ 이러한 보상들은 획일적으로 관리되기보다는 상대적인 관점에서 공정하게 지급되어 개인들의 동기유발과 생활수준의 안정에 기여할 수 있어야 한다.

② 보상 관리의 원칙

적절성	보상 체계는 사회, 경제, 노사 관계, 인적자원 관계 법규의 관점에서 적절하게 결정되어야 함.
타당성	조직 전반적으로 납득할 수 있는 적절한 임금 수준을 유지해야 함.
공정성	보상 체계는 조직 전체의 전반적인 수준뿐만 아니라 조직구성원 각자의 노력, 능력, 기술 등 여러 기준에 대해 공정해야 함.
안정성	보상 체계는 구성원의 경제적 안정과 그들의 안정 욕구 충족에 기여해야 함.

③ 보상 관리의 체계

금전적 보상	직접 보상	임금(월급, 주급, 일급, 상여금)
	간접 보상	보험(의료, 고용, 산재, 국민연금 등), 주택 지원, 교육비 지원, 금융 지원, 복리후생 시설(건강 및 문화 시설 등) 제공
비금전적 보상	직무 자체	도전감, 책임감, 안정감, 성취감, 승진 기회 등
	직무 환경	경영 정책, 유능한 감독, 동료, 작업 환경, 근무 시간 등

4 노사관계관리

핵심 키워드

노사관계의 유형, 노사관계의 시스템 이론, 노사관계의 발전 과정, 노사협력 제도 및 경영 참가, 단체교섭과 단체협약

1. 노사관계 개요

① 의의

㉠ 산업혁명 이후 초기의 노사관계는 근로자와 사용자의 2면 관계로 파악하여 정부의 역할을 고려하지 않았다.

㉡ 대규모의 실업, 노동조합의 발전과 단체 행동과 같은 새로운 문제의 출현으로 정부의 중재와 조정이 요망됨으로써 노동자(노동조합), 사용자, 정부라는 노사관계의 3주체가 확립되었다.

② 노사관계의 유형(이원적 노사관계론)

개별적 노사관계(1차적 노사관계)	집단적 노사관계(2차적 노사관계)
경영 대 종업원의 관계로, 개별 근로자인 직원과 사용자와의 고용 계약에 바탕을 둔 관계	경영 대 노동조합의 관계로, 근로자가 조합을 결성하고 사용자 및 사용자 단체와 협상을 하며 쟁의 행위를 하는 등 집단적 계약에 바탕을 둔 노사관계

2. 노사관계의 시스템 이론

① 노사관계 시스템 이론(모형)은 1958년 미국의 하버드대학교 노사관계연구소의 던롭(J. T. Dunlop) 교수가 노사관계에 영향을 주는 당사자와 환경을 최초로 제시하였고 코칸 등(T. A. Kochan, H. C. Katz)이 체계화한 이론이다.

② 노사관계의 주체로 사용자 및 사용자단체, 노동자 및 노동조합, 정부를 상정하였고 시스템을 구성하는 요소로써, 노사관계 3주체의 영향력 및 세력관계(권력 구조), 경제 환경(기술적 특징, 시장성, 예산상의 제약), 공통된 이데올로기를 제시하였다.

3. 노사관계에 따른 거래비용이론

① 거래비용이론은 노사 간 불완전한 계약이 일어나는 현상을 조명하며 환경의 불확실성, 제한된 합리성, 정보의 비대칭성, 역선택의 문제, 도덕적 해이로 설명한다.

② 불완전한 계약의 발생 배경

환경의 불확실성	계약체결 과정에서 상황이 불확실하고 복잡한 경우
제한된 합리성	사전에 완전한 시나리오를 예상하여 각 상황과 결부되는 완전조건부 계약의 체결은 처음부터 불가능
정보의 비대칭성	계약체결 당사자들 간 정보의 비대칭성이 존재함에 따라 도덕적 해이를 불러올 수 있음.
역선택의 문제	정보의 비대칭성은 상대방에게 유리하고 자신에게는 불리한 의사결정을 하게 만듦으로써 역선택의 문제를 야기
도덕적 해이	계약 체결 후 기회주의적 행동이 나타날 가능성이 매우 높음.

4. 노사관계의 발전 과정

구분	내용
전체적(자본적) 노사관계	• 소유와 경영의 미분리에 따른 전제적 또는 독재적 성격을 띰. • 명령 · 복종 · 주종의 관계, 예속 · 대립적 관계 형성 • 통일된 조직으로 노동조합은 결성되기 전이며 산발적 단체가 항의하는 단계
온정적 노사관계	• 근로자에게 주택, 의료 등의 가부장적 온정주의 및 은혜적 대가성에 입각한 복지후생시설 마련 • 지배종속관계는 여전하며 충성에 대한 대가성 관계로 존속
근대적(완화적) 노사관계	• 테일러(Taylor)의 과학적 관리법과 페이욜(Fayol)의 경영 관리론 등장 • 근대적인 주식회사가 보편적으로 성립하게 되는 단계에 이르러 경영과 자본이 분리되기 시작 • 산업혁명의 발전과 더불어 직업별 노동조합 출현
계급투쟁적 노사관계	• 노동자계급과 자본가계급의 대립 과격화 • 공장 및 사업장에서 자본가와 경영자를 축출하며 노동자가 직접 생산관리 • 독일 바이마르 시대, 프랑스 및 이태리에서 나타남.
민주적(현대적) 노사관계	• 1929년 대공황 이후 기업 규모가 확대되어 소유와 경영이 분리되고 전문경영자가 핵심적 역할 담당 • 산업별 노동조합으로 변천 • 노동조합과 사용자단체의 대등한 노사관계 추구

5. 노사협력제도 및 경영 참가

① 노사정위원회

㉠ 노사정위원회는 「노사정위원회의 설치 및 운영 등에 관한 법률」에 근거를 두고 있다.

㉡ 노동정책 및 이와 관련된 경제 · 사회정책 등을 협의하며 대통령에 대한 정책 자문을 하는 단체로, 노동자(노동조합), 사용자(사용자 단체), 정부 간의 협의체이다.

② 경영 참가의 형태

단체교섭 참가	노사 간의 단체교섭에 의해 경영 참가가 이루어지는 형태로서, 노사 간의 대립이 심할 경우 마찰이 야기됨을 전제로 함.
노사협의회에 의한 참가	협력적 노사관계를 목표로 근로자와 사용자 간의 참여와 협력을 기초로 근로자의 복지증진 및 기업의 건전한 발전을 도모하기 위해 구성
근로자중역, 감사역제에 의한 참가	근로자중역 및 감사역제(회)는 경영에 관한 최고 의사를 결정하는 이사회보다 상위에 위치한 기관으로 노사 양측의 동수로 구성 → 근로자의 경영 참가 형태로서 기업경영의 의사결정에 직접 참가한다는 의미에서 가장 적극적인 형태의 모습

6. 자본 참가의 형태

① 종업원을 출자자로 하여 기업경영에 참여시키는 방식으로서, 기업의 종업원 주식소유제 또는 종업원 지주제(ESOP : Employee Stock Ownership Plan)가 대표적이다.

② 종업원의 기업에 대한 주인의식과 애사심 고취를 통한 기업 생산력 및 경쟁력을 제고할 수 있고 종업원의 기업 인수 지원을 통한 고용안정을 도모한다.

③ 기업금융 및 재무구조의 건전화 수단으로도 활용되며 공격적 기업 인수 및 합병에 대한 효과적 방어수단이 된다.

7. 성과 참가(이익 참가)의 형태

스캔론 플랜(Scanlon plan)	러커 플랜(Rucker plan)
종업원의 참여의식을 높이기 위하여 고안된 성과배분제의 하나로, 위원회제도의 활용을 통한 종업원의 참여와 생산의 판매가치(제품생산액)를 기초로 한 성과배분을 특징으로 함.	스캔론 플랜에서는 노동 비용을 제품생산액으로 나누는 데 반해, 러커 플랜에서는 노동 비용을 부가가치로 나눈 비율로 계산

8. 단체교섭과 단체협약

① 단체교섭의 개념

단체교섭이란 근로자들이 노동조합이라는 교섭력을 바탕으로 임금을 비롯한 근로자의 근로 조건 유지, 개선과 복지 증진 및 경제적 · 사회적 지위 향상을 위하여 사용자와 교섭하는 것을 말한다.

② 단체교섭의 기능

㉠ 단체교섭의 기능은 근로자측에서 볼 때, 자신들의 근무 조건을 유지, 향상시키며 구체적인 노조 활동의 자유를 사용자로부터 얻어 내기 위한 중요한 수단이다.

㉡ 사용자 측면에서 볼 때, 무엇보다 근로자 전체의 의사를 수렴한 노조와의 대화의 채널이며, 동시에 노사관계의 안정 장치로 생각할 수 있다.

㉢ 개별적인 문제의 해결이 아닌, 일반적인 노조 문제를 해결할 수 있고, 개별기업들에 평등한 경쟁 조건을 마련하여 주며, 임금 인상을 통하여 산업 구조를 고도화할 수 있다.

③ 단체협약의 개념

㉠ 단체협약은 근로자들이 실제적인 행동을 확보하기 위해 단결하여 노동조합이라는 단체를 만들고, 이 단체의 힘을 빌려 사용자와 대등한 입장에서 교섭을 하여 임금, 기타 근로 조건 등을 결정하는데, 이렇게 결정된 내용을 문서화한 것이다.

㉡ 즉, 단체교섭은 노동조합 또는 그 연합체와 사용자 또는 사용자단체 간에 체결되는 개별적 근로관계 및 당사자의 집단적 근로관계에 관한 계약이다.

5 서비스인력 노동생산성 제고

핵심 키워드

종업원 만족도의 측정, 만족한 종업원의 특징, 갈등의 유형, 갈등 관리 모형, 내부마케팅

1. 종업원 만족도

① 종업원 만족도의 측정

㉠ 직원 만족도 지수(Employee Satisfaction Index)는 내부 종업원들의 만족도를 측정한 것으로 기업의 합리적인 인적자원 관리와 경영의 방향을 정하는 유용한 자료가 된다.

㉡ 기업 만족도 지수를 통해 직원들의 만족 요인과 불만족 요인을 파악함으로써 조직의 유해요인을 제거하고 만족도 향상을 위한 처방에 활용할 수 있다.

② 만족한 종업원과 특징

㉠ 의의 : 종업원의 행동은 모든 품질 차원에서 고객 지각에 직접적인 영향을 준다. 만족한 종업원의 특징은 5가지로 나타난다.

㉡ 5가지 유형의 특징

신뢰성	문제 발생에 대한 통제력 발휘 및 고객 요청과 불만에 적극적으로 대응하려는 자세
반응성	고객을 이해하고 격려함으로써 고객을 기꺼이 도우려는 자세
확신성	고객과의 정확한 커뮤니케이션을 할 수 있는 자세
공감	고객을 보살핌으로써 고객의 상황과 문제를 확인하려는 자세
유형성	눈으로 구분 가능한 설비나 장비 등으로 나타나는 외양적 자세(깔끔한 유니폼, 정돈된 시설 등)

2. 직무 만족

① 의의

㉠ 직무 만족은 직무에 대한 태도의 하나로서 한 개인이 담당하는 직무가 자신의 가치관이나 신념, 욕구 등의 수준과 일치함으로써 갖게 되는 직무 자체에 대한 감정적이고 정서적인 만족상태이다.

㉡ 직무 만족은 한 종업원이 자신의 일에서 바라고 있는 것을 그 일이 실제로 자신에게 제공해 준다고 믿는 정도를 반영하는 것이다.

㉢ 작업 자체나 임금, 승진 기회, 감독, 동료, 작업 환경 등에 대하여 얼마나 만족하는가를 나타내는 감정적 표현으로 직무수행에 중대한 영향을 미친다.

② 직무 만족의 구분

내재적 만족	직무의 난이도, 도전감, 일의 중요성과 다양성, 동료작업자와의 관계 등 직무 자체의 내재적 가치에서 오는 만족
외재적 만족	보상, 작업 환경, 직무와 관련된 승진, 직무수행의 결과에 따라 직무 이외에서 부여되는 보상 가치에 대한 만족

③ 직무 만족의 영향 요인

개인적 특성	연령, 교육 수준, 퍼스낼리티, 근속 연수, 성별, 인종 등
직무 특성	직무에 대한 보상체계, 자율성의 정도, 승진 가능성, 직무의 범위, 직무의 도전성 및 진취성, 역할갈등 등
조직 특성	감독 및 관리 정책, 조직 규모, 공식화의 정도, 분권화의 정도, 의사결정에 대한 참여 정도 등

④ 직무 특성 모형

㉠ 직무 특성이 직무수행자의 성장욕구 수준에 부합될 때에 긍정적인 동기유발 효과를 초래하게 된다는 핵크만(J. R. Hackman)과 올드햄(G. Oldham)이 제안한 동기부여이론이다.

㉡ 5가지 직무 특성

기술다양성	직무수행에 필요한 기능과 개인의 재능이 요구되는 정도
직무정체성	구별될 수 있는 작업의 완성을 요구하는 정도
직무중요성	다른 사람, 직무, 전체 작업에 영향을 미치는 정도
자율성	작업, 일정 수행 방법에 대한 직무담당자의 독립적인 재량권 정도
피드백	직무의 효율성에 관한 명백하고 직접적인 정보제공 정도

3. 직무재설계 및 일정 조정 프로그램

① 직무재설계의 의의

㉠ 조직구성원에게 이미 할당된 직무를 조정하는 것으로 조직구성원의 능력·적성에 맞게 직무를 재배치하여 생산성 향상을 도모한다.

㉡ 직무재설계시 기존 직무가 변경됨으로써 기존 직무에 과업이 추가되기도 하고 더 큰 책임과 복잡성이 증가하게 된다.

② 직무 순환

㉠ 종업원의 경력 발전 등을 위해 한 구성원이 여러 직무를 차례로 경험하도록 하여 능력과 자질을 높이고자 하는 인사관리 방법을 말한다.

㉡ 조직구성원의 배치를 단순하게 바꾸는 것을 말하는 것이 아니라, 구성원의 배치전환을 계획적으로 수행하는 인사관리 수단이다.

㉢ 오랫동안 특정한 직무 영역에 종사하게 되면 전문성은 높아질 수 있으나 시야가 좁아질 우려가 있기에, 특히 폭넓은 시야와 판단을 필요로 하는 관리자의 양성 방법으로 많이 사용된다.

③ 직무 확대

㉠ 한 작업자가 수행하는 과업의 수를 수평적으로 확대하되 권한 내지 책임은 증가시키지 않는 경우를 말한다.

㉡ 직무에 대한 단조로움·지루함 감소, 기술 다양성 증가를 통한 작업자의 기능 폭 확대로 직무 만족의 증가의 이점이 있으나 흥미없고 단조로운 직무가 추가되거나 작업자의 성장 욕구가 낮을 때에는 실패할 확률이 높다.

④ 직무 충실화

㉠ 허즈버그의 2요인 이론에 바탕을 두어 수직적 직무 확대를 통한 의사결정의 재량과 책임을 부여하여 종업원의 동기 요인(만족 요인)을 충족시킬 수 있도록 직무를 재구성하는 것이다.

㉡ 종업원의 자율성, 성취감, 도전감, 책임감 등을 구비하도록 직무를 구성하며, 담당 작업자에게 일에 대한 일정한 권한 내지 책임, 자율권을 부여한다.

㉢ 자유로움과 책임감 부여를 통한 창의력 개발 촉진과 종업원의 단조로움, 싫증을 줄일 수 있으며 능력 신장을 기대할 수 있다.

㉣ 종업원의 교육 훈련에 많은 시간과 비용이 소요되며, 성장 욕구가 낮은 종업원의 심리적 부담감과 좌절감, 관리자의 반발을 야기할 수 있다.

4. 갈등 관리

① 갈등의 개념

㉠ 어떤 사람이 목적을 달성해 가는 과정에서 다른 사람이 들어와 방해를 하면 그 목적 달성이 좌절된다.

㉡ 여기서 다른 사람의 목적 달성을 방해하는 행동을 하는 과정을 갈등(conflict)이라고 한다.

② 갈등의 유형

㉠ 갈등의 일반적 분류

유형	원인	처방
직원–역할 갈등	• 직무 부적합 • 의복 규정	• 채용시 지원자 신중 선별 • 교육 및 훈련 • 직원 불평토로 절차 신설
직원–회사 갈등	두 상사 딜레마	• 회사의 정책 및 목표 교육 • 권한 부여 • 의사결정 지원
직원–직원 갈등	• 의사소통의 부족 • 명령체계 부족 • 성격 갈등 • 고객에 대한 경쟁 • 업무량에 대한 인식 차이	• 갈등 원인 파악 • 다양한 정보원 확보 • 해결책 모색 • 갈등해결 노력 • 신속한 후속 조치 강구
직원–고객 갈등	• 고객의 역할 수행 결여 • 다양한 고객의 돌발 행동	• 고객과 직원의 분명한 역할 인식 • 다양한 고객 응대 교육

㉡ 밀러(Miller)와 달라드(Dollard)의 개인 수준의 갈등

접근–접근 갈등	긍정적인 측면을 가진 두 가지 대안 중에서 선택해야 하는 경우에 나타나는 갈등
회피–회피 갈등	부정적인 측면을 가진 두 가지 대안 중에서 선택해야 하는 경우에 나타나는 갈등
접근–회피 갈등	긍정적인 측면과 부정적인 측면을 함께 가진 대안 중에서 선택해야 하는 경우의 갈등

③ 갈등의 기능

순기능	역기능
• 갈등을 통해 조직의 목표 달성을 지원하거나 업적의 향상에 도움이 되는 상황 발생 • 조직 문제의 해결책으로서 새로운 아이디어나 제도가 만들어지는 계기 • 종업원이 분발할 필요성을 느끼게 만들어 종업원의 동기부여를 촉진하기도 함.	• 갈등의 해결에 노력하는 동안은 성과나 목표 달성에 에너지를 모을 수가 없어 개인과 조직 양편에 부정적 결과 야기 • 지속적인 갈등은 종업원의 심리적 복지에 큰 부담 → 스트레스의 원인 • 지속적 갈등은 집단의 분위기에 영향을 주는 집단 응집성에 부정적인 영향을 미침.

④ 갈등의 관리 모형

㉠ 토마스(K. Thomas)의 갈등 관리 모형에서는 자신의 관심만을 만족시키려는 의도를 자기 주장성(독단성, 자기 만족)이라고 하고, 상대방의 관심을 만족시키려는 의도를 협동성(상대 만족)이라고 하였다.

㉡ 두 가지 차원의 조합에 의해 경쟁 · 수용 · 회피 · 협조 · 타협이라는 갈등 해결의 기본 양식을 나누어 볼 수 있다.

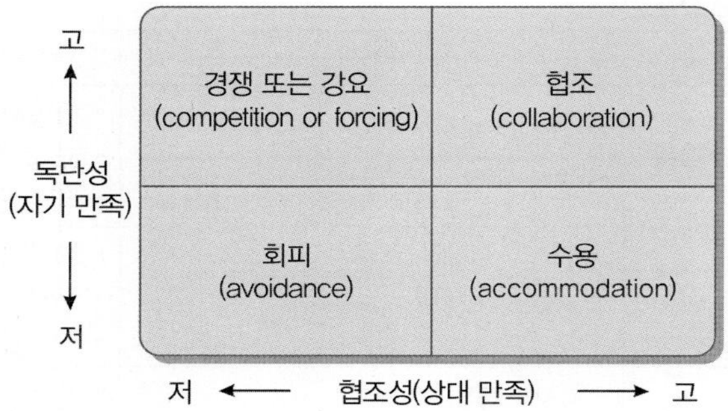

⑤ 갈등 관리 기법

㉠ 갈등의 해결 기법

문제 해결	갈등을 빚는 집단들이 회의를 통해 얼굴을 맞대고 갈등을 줄이려는 기법 → 오해나 언어의 장애 때문에 발생하는 갈등에 효과적
협상	토론을 통한 타협으로 한쪽에서 제안을 하고 다른 한쪽에서 다른 제안을 해서 상호 양보를 통해 합의점에 도달하는 방법
상위 목표의 도입	갈등 집단의 목표보다 넓은 개념인 상위 목표를 도입 → 갈등 집단들이 함께 힘을 합치지 않고는 달성할 수 없는 매력적인 목표 도입이 효과적
조직 구조의 개편	작업 흐름(work flow)에 따른 재편성, 조정기구의 설치 등 조직 구조를 개편
자원의 증대	한정된 자원을 확대하여 갈등 집단에 분배함으로써 갈등 해결 도모

㉡ 갈등의 촉진 기법

전언을 통한 의사소통	관리자들은 의사소통의 전언 내용이나 경로를 갈등을 촉진하는 방향으로 조정 → 모호하고 위협적인 전언 내용은 갈등을 고무시킴.
성원의 이질화	정체 상태에 있는 단위 부서를 일깨워 변화시키는 방법 → 기존의 부서에 그 성원들과는 전적으로 다른 배경 · 경험 · 가치관을 가진 하나 또는 그 이상의 성원을 추가시키는 방법
경쟁의 조성	관리자는 단위부서들 간에 경쟁 상황인 제로섬 게임(zero-sum game)을 조성함으로써 갈등을 촉진

5. 내부마케팅

① 의의

㉠ 서비스 종업원을 1차 고객으로 관찰하고 서비스 지향적인 마인드를 고취시킴으로써 동기부여하는 활동을 의미한다.

㉡ 서비스 직원은 서비스 그 자체이며 고객의 눈에 비치는 서비스 직원은 서비스 회사 그 자체로 인식된다.

② 내부마케팅의 성공 요건

고객 지향성	기업의 궁극적인 목적인 고객에 대한 긍정적인 태도와 서비스 마인드를 높여 고객을 만족시키겠다는 고객 지향성을 확보해야 함.
적합한 사람을 고용	• 회사와 잘 맞는 신입사원 선발이 중요 • 서비스 성향을 고려한 채용(사교성 등) • 이를 통해 지원자들이 선호하는 최고의 기업이 되는 것이 중요함.
최고의 사원을 유지	직원들의 건강 상태, 노동 생활의 질을 생각함으로써 동기를 부여하는 직무 환경 구축
교육 훈련의 실시	인적자원 개발에 대한 대규모 투자에는 직원들의 마인드와 능력을 개발하는 것이 중요하다는 확신이 있음. → 대부분의 초우량 서비스 기업들은 효과적인 훈련 프로그램을 가지고 있음.

③ 정서적 노동의 관리

㉠ 정서적 노동이란 직원의 감정이 업무상 하나의 요소가 되는 노동이다. 정서적인 피로, 무력감, 권태감, 긴장 등, 업무 및 고객에 대한 관심 저하, 기계적인 상황 대응을 유발할 수 있다.

㉡ 대응 방안

- 직원의 선별 및 직무 배치에서 다루어야 함. → 누가 정서적 노동에 대해 보다 저항력이 있는가를 확인하는 방법에 대해 연구
- 직원의 훈련을 통해 고객 접촉을 통해 생기는 스트레스를 완화해 나가는 방법 지도
- 직원의 행동과 감정에 직접적인 영향을 미칠 수 있는 물리적 직무 환경을 주의깊게 설계
- 직원이 정서적 노동을 능숙하게 다룰 수 있도록 지원체제를 구축
- 경영진을 일선에 내보내서 고객을 대면
- 직원들이 휴식을 취할 수 있도록 기회 부여

서비스 인적자원관리(HRM)

제 4 장 단원 기출문제

PART 1 일반형

01 **서비스 인력의 선발 방법 중 '예측타당성이 높은 선발'에 대한 설명으로 가장 적절한 것은?**

① 서비스 기업의 문화에 적절한 인재를 선발하였다.
② 입사 후 서비스 직무성과가 높을 사람을 선발하였다.
③ 서비스 기업의 인재상과 어울리는 사람을 선발하였다.
④ 입사 후 1년 이내 이직 가능성이 높은 사람을 선발하였다.
⑤ 입사 후 수행할 서비스 직무에 대한 지식이 많은 사람을 선발하였다.

해설 선발도구가 입사 후 성과가 높을 사람을 선발하였다면 선발의 예측타당성이 높다고 할 수 있다.
①, ③은 인재선발 방침과 관련이 있고 ⑤는 선발 방식에 대한 내용이며, ④는 잘못된 선발의 예이다.

02 **다음 중 외부 모집에 대한 설명으로 적절한 것은?**

① 훈련과 조직화 시간이 단축된다.
② 기업의 급격한 전환기에 효과적이다.
③ 성장기 기업은 유자격자의 공급이 어렵다.
④ 신속한 충원과 충원 비용의 절감이 가능하다.
⑤ 조직 내부 정치와 관료제로 인해서 비효율적이 될 수 있다.

해설 ①, ③, ④, ⑤는 내부 모집에 대한 설명이다.

정답 01 ② 02 ②

PART 2 O/X형

03 **조직 및 집단 차원에서의 갈등은 무조건 비효율적이지는 않으며, 때로는 집단의 성과를 향상시키기도 한다.**

(① ○ ② ×)

✦해 설 갈등의 전통적 견해는 모든 갈등이 나쁘다고 가정하였으나, 인간관계적 견해나 상호작용적 견해에서는 갈등의 긍정적 요소도 있다고 본다.

04 **이직 관리는 개인적인 경력 목표를 설정하고 이를 달성하기 위한 경력 계획을 수립하는 활동이다.**

(① ○ ② ×)

✦해 설 경력개발관리에 대한 설명으로, 이직 관리는 이직률의 증가를 막기 위하여 이직에 대한 관리를 하는 것을 말한다.

정답 03 ① 04 ②

PART 4 사례형

05 **다음 사례의 부서에서 계획하고 있는 방법으로 팀원을 모집했을 때에 대한 설명으로 가장 적절하지 않은 것은?**

> 부서장 : 우리팀이 맡은 대형 프로젝트가 계속해서 늘어나면서 업무가 과중한 것 같습니다. 그래서 팀원을 신규로 충원할까 하는데, 어떤 방식으로 선발하는 편이 좋을지 의견 있으시면 말씀해 주세요.
>
> 직원 1 : 제 생각에는 외부 경력자를 채용하는 방법도 있겠지만, 회사 내부의 옆 본부에 있는 사람을 뽑는 게 보다 효율적일 것 같다는 생각입니다.
>
> 직원 2 : 저도 그렇게 생각합니다. 마케팅 3팀의 김 과장 같은 사람은 기존에 저희 업무를 해 보았기 때문에 보다 업무를 효율적으로 할 수 있을 것입니다.

① 훈련과 조직화 시간을 단축할 수 있다.
② 능력이 충분히 검증된 사람을 채용할 수 있다.
③ 시간 비용 및 충원 비용이 많이 든다는 단점이 있다.
④ 재직자의 개발 동기 부여와 장기 근속 유인을 제공한다.
⑤ 조직 내부 이동의 연쇄 효과로 인한 혼란이 야기될 수 있다.

해 설 마케팅 1팀이 계획하고 있는 방법은 내부 모집에 해당하므로 신속한 충원과 충원 비용을 절감할 수 있는 장점이 있다.

정답 05 ③

06 다음 중 사례에 적용된 인사 고과 평가 방법에 대한 설명으로 가장 옳지 않은 것은?

> 김 대리는 이번 성과 평가 기간에 회사로부터 새로운 메일을 한 통 받았다. 김 대리 팀의 팀장인 박 부장에 대한 평가를 김 대리에게 하도록 하는 내용의 메일이며, 조직 통솔력, 의견 수렴도, 업무 할당 및 지시 능력, 부하 육성 능력, 솔선수범, 고충 처리 능력 등이 평가 항목으로 있어 점수를 매기도록 되어 있었다.

① 부하 직원의 참여의식을 고취시킬 수 있다는 장점이 있다.
② 상사가 부하 직원에게 보복할 가능성이 있다는 단점이 있다.
③ 평가 실시가 용이하며, 직계상사가 부하 직원을 잘 알고 있다는 장점이 있다.
④ 부하 직원이 직속 상사를 평가하므로, 상사의 입장에서 호의적이지 않을 수 있다.
⑤ 부하 직원이 본인이 좋아하는 상사에게만 좋은 평가를 주는 인기투표의 가능성이 있다.

해 설 사례의 평가 방법은 부하 평가(상향식 평가)에 대한 것으로 ③의 내용은 상사에 의한 고과에 대한 설명이다.

PART 5 통합형

[07-08] 다음 대화를 읽고 물음에 답하시오.

> A 점원 : B 매니저님, 이번에 출시한 저희 ○○파스타가 큰 인기를 누리고 있어서 멀리서도 찾아오고 있는 실정이에요.
> B 매니저 : 이번 신제품은 고객의 니즈를 찾아 그에 적합한 제품을 제공해서 성공한 것이지.
> A 점원 : 네 그럴 것 같아요. ○○파스타의 인기가 치솟는 것은 좋은 일이지만 고객들이 주로 점심시간에 몰려서 문제예요. 고객들의 대기 시간이 점점 길어지고, 그에 따른 불만이 늘어나고 있거든요.
> B 매니저 : 오늘 점심 중에 있었던 고객과의 소란도 그 문제 때문이지?
> A 점원 : 네 맞아요. 고객들이 주문한 ○○파스타가 너무 늦게 나와서 일부 고객의 언성이 높아졌었어요.
> B 매니저 : 만약 그렇다면 이 문제를 시급하게 처리하지 않으면 안 되겠군.

정답 06 ③

07 **주문한 제품이 늦게 나오고 있어 고객들의 불만이 늘어나는 상황에서 B 매니저가 선택할 수 있는 성수기 공급 증대 전략으로 적절하지 않은 것은?**

① 종업원 교차훈련을 통해 생산성을 향상시킨다.
② 시설을 확충하여 시간당 공급 가능한 물량을 늘린다.
③ 바쁘지 않은 시간대에 방문한 고객에게 인센티브를 제공한다.
④ 점심시간에 고객이 집중되므로 해당 시간에 활용할 파트타임직을 고용한다.
⑤ 종업원의 노동시간을 확충하여 업무 시작 전 가능한 업무를 사전에 진행해둔다.

해설 비수기 인센티브를 제공하는 전략으로 성수기 수요 감소 전략에 해당한다.

08 **마이스터는 실제 대기 시간뿐만 아니라 고객에게 지각된 대기 시간도 중요하다고 하였는데, 이에 대한 설명으로 적절하지 않은 것은?**

① 구매 전 기다림을 구매 중 기다림보다 더 길게 느낀다.
② 다 함께 기다리는 것보다 혼자 기다릴 때 더 길게 느낀다.
③ 고객에게 원인을 설명해주었을 때 기다림을 더 길게 느낀다.
④ 제공받는 서비스에 더 큰 가치를 느낄수록 사람들은 기다림을 짧게 느낀다.
⑤ 아무 일도 하지 않고 있을 때, 무엇인가를 하고 있을 때보다 더 길게 느낀다.

해설 원인이 설명되지 않았을 때 기다림을 더 길게 느낀다.

정답 07 ③ 08 ③

제 5 장 고객만족경영(CSM) 전략

1 경영 전략 주요 이론

핵심 키워드

경영 전략의 개념, 거시적 경영 환경 분석, 5-Forces 분석(마이클 포터), SWOT 분석

1. 경영 전략 개요

① 경영 전략의 개념

㉠ 경영 전략(business strategy)은 변동하는 기업 환경 아래서 기업의 존속과 성장을 도모하기 위해 환경의 변화에 대응하여 기업 활동을 전체적・계획적으로 적응시켜 나가는 활동이다.

㉡ 앤소프(I. Ansoff)에 따르면 경영 전략이란 주로 기업의 외부적 문제로서, 외부 환경의 변화에 기업을 전체로서 적응시키기 위한 제품과 시장 구조의 결정이다.

㉢ 경영 전략은 최고경영층의 경영(조직) 능력과 경영 환경 변화에서 야기된 기회와 위협을 효율적으로 연결시키는 중요한 도구(수단)의 하나이다.

② 경영 전략의 구분

기업 전략	기업이 경쟁하는 시장과 산업의 범위를 결정하는 가장 상위의 경영 전략 → 다각화, 기업의 인수・합병, 해외사업의 진출과 같은 결정
사업 전략	기업이 각각의 시장에서 경쟁하는 구체적인 방법을 결정하는 것으로 기업 전략에 종속된 하위 전략
기능 전략	기업 전략과 사업 전략에 종속된 하위 전략으로서, 생산・마케팅・재무・인사조직・회계・연구개발 등 경영 관리의 제 기능을 결정하는 전략

③ 경영 전략의 특성

시간의 범위	전략이라는 용어는 일반적으로 장기에 걸쳐 수행되는 활동을 기술하는 데 사용
영향력	전략의 성과는 조직 내·외에 미치는 영향력이 큼.
노력의 집중	효과적인 전략이 되기 위해서는 전략과 관련된 특정 범위의 활동에 조직구성원들의 노력, 행동 및 관심을 집중시키는 것이 필요
일관된 의사결정	전략을 실행하기 위해서는 상당한 기간에 걸쳐 일관성 있는 의사결정을 내려야 함.
포괄성	전략은 자원 할당에서 일상적인 업무에 이르기까지 광범위한 활동을 포함

2. 거시적 경영 환경 분석

① 일반적인 경영 환경

사회·문화적 환경	사회를 구성하고 있는 개인의 행위에 영향을 미치는 사회제도 및 사회적 태도 등 → 문화, 가치관, 전통, 관습, 인구통계학적 변수 등이 경영 환경에 영향을 미침.
법률·정치적 환경	국가의 제도 및 법적 규범, 이를 산출하는 정치적 과정은 기업의 지위와 생산 활동에 직·간접적으로 영향을 미침.
기술적 환경	기업에 영향을 미치는 한 나라 또는 산업의 기술 수준 내지 상태 → 기계, 장치, 생산라인 등의 생산 과정과 관련
자연적 환경	입지, 기후, 자원, 공해 등 기업이 경영 활동을 영위해 가는 데 작용하는 환경적 요인

② PEST 분석

정치적(Political) 요소	정부가 경제에 간섭하는 정도로, 구체적으로 세금, 노동법, 무역 제재, 환경법, 관세 등을 포함한 환경 요소가 해당
경제적(Economic) 요소	경제성장률, 금리, 인플레이션 정도 등의 요소로 기업의 의사결정에 중요한 영향을 미침.
사회적(Social) 요소	문화적 요소, 보건인지도, 인구성장률, 연령대 분포, 안전 관련 요소 등이 포함
기술적 (Technological) 요소	R&D 활동, 자동화, 기술 혁신 등을 포함한 요소

③ 산업환경의 분석 : 5-Forces 분석

㉠ 산업 환경은 기업에게 영향을 미칠 수 있는 산업 내에 있는 여러 요소들을 말한다.

㉡ 마이클 포터(Michael E. Porter)에 따르면 기업 환경에는 다섯 가지 변수가 있다. 5가지 요소가 상호작용을 하며 산업의 경쟁 수준을 결정하고 나아가 산업의 매력도를 결정한다고 본다.

㉢ 5-Forces와 산업의 매력도

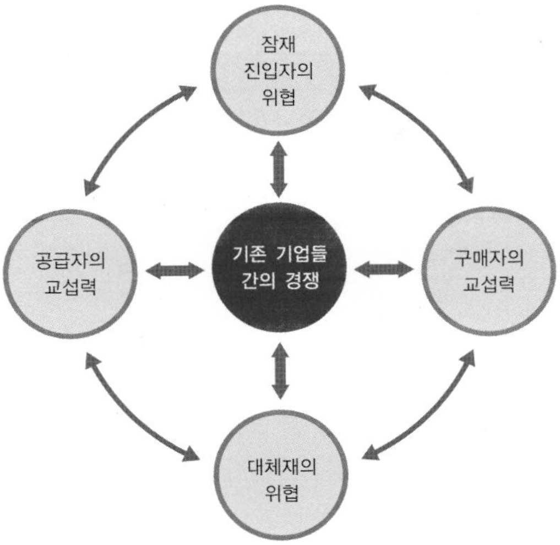

잠재적 진입자의 위협	잠재적 진입자가 해당 산업에 들어올 수 있다는 이 산업은 매력이 없음.
공급자의 교섭력	공급자들이 많은 힘을 행사하고 교섭력과 협상력이 높다면 해당 산업은 매력이 없음. → 공급자들이 힘을 갖고 가격을 인상하거나 품질을 떨어뜨릴 수 있음.
구매자의 교섭력	구매자들의 힘이 많을수록 산업은 매력이 없음. → 힘이 있는 구매자들이 가격 인하를 요구하거나 품질을 인상해달라고 요구할 수 있음.
대체재의 위협	대체재의 종류와 수가 많을수록 해당 산업의 서비스를 대체할 수 있다는 것이므로 매력이 없는 산업임.
기존 기업 간의 경쟁	치열하고 과도한 경쟁이 있다면 매력이 없는 산업임. → 경쟁이 포화될 경우 가격 경쟁으로 이어지게 됨.

㉣ 결론

- 5-Forces 분석의 최종 이미지로서 산업의 매력도에 대한 결과를 도출할 수 있음.
- 진입장벽이 낮고, 공급자와 구매자, 대체재의 힘이 강하며, 산업 내의 기업끼리 많은 경쟁을 하고 있는 산업이라면 산업의 매력도는 낮음. → 반대의 경우는 매력도가 높은 산업임.

3. SWOT 분석

① 개념

㉠ SWOT 분석은 외부 환경을 통해 여러 기회와 위협을 찾고, 내부 환경 분석을 통해 여러 강점과 약점을 찾아 네 가지 요소들을 믹스 매칭시켜 주는 것이다.

㉡ 강점(Strenght), 약점(Weakness), 기회(Opportunity), 위기(Threat)의 앞 글자를 따서 SWOT 분석이라고 부른다.

② 전략 수립

		내부 전략적 요소	
		S (Strength : 강점요인)	W (Weakness : 약점요인)
외부 전략적 요소	O (Opportunity : 기회요인)	SO전략(Maxi-Max) • 내부 강점을 기회에 활용하는 전략 • 확대전략	WO전략(Mini-Max) • 기회를 활용해 약점을 극복하는 전략 • 우회전략, 전략적 제휴
	T (Threat : 위험요인)	ST전략(Maxi-Min) • 내부강점으로 위험을 극복하는 전략 • 안정적 성장전략, 다각화 전략	WT전략(Mini-Min) • 약점과 위협을 동시에 극복하는 전략 • 방어적 전략, 삭감전략, 청산, 합작투자

4. 경쟁 우위 전략의 도출

① 차별화 전략

기업이 경쟁사와 다른 기능의 제품과 서비스를 고객에게 제공함으로써 차별성을 확보하는 전략이다.

② 원가 우위 전략

제품과 서비스의 생산에 필요한 투입 원가를 낮추고, 공정상에 소요되는 비용을 절감하여 상품에 대한 고객의 접근성을 높임으로써 부가가치를 창출하는 전략이다.

③ 틈새시장 전략

기존의 비즈니스 시장에서 공략하지 않던 새로운 사업 분야에 진입하는 전략이다.

④ 다각화 전략

기업의 기존 비즈니스를 유지하면서 동시에 시장 내 다른 아이템의 사업에 추가적으로 진입하는 전략이다.

⑤ 집중화 전략

전체 시장의 다양성을 모두 공략하지 않고 목표 시장을 세분화하는 전략이다. 즉, 시장, 고객, 제품, 서비스 등 특정한 기준 중 자사의 이익에 기여가 가장 클 만한 기준을 선정하여 한 곳을 집중적으로 공략하는 전략이다.

2 경영 전략의 개발

핵심 키워드

전략 계획과 전략 개발, 제품의 다각화 전략, 제품–시장 매트릭스(앤소프 성장 전략), 본원적 경쟁 전략(마이클 포터), BCG 매트릭스

1. 전략 계획과 전략 개발

① 전략 계획은 계획의 일반적인 속성을 지니면서도, 특히 변화하는 환경에 대처하고 경영의 잠재적인 수익 능력을 종합적으로 개발하기 위한 미래지향적인 의사결정 시스템이다.

② 전략 개발은 전략 수립의 효과적 보완을 위하여 필요한 모형으로서 특히 전사적인 전략 수립에 있어 분석적이며 규범적인 모형을 개발하는 역할을 한다.

2. 제품의 다각화 전략

① 의의

㉠ 다각화는 한 기업이 여러 산업에 참여하는 것을 말한다. 다양한 산업 진출을 통해 시너지를 얻고자 하는데, 시너지는 크게 원가 절감 시너지와 매출 증대 시너지로 구분된다.

㉡ **원가 절감 시너지** : 비슷한 제품과 사업군들이 공유를 함으로써 원가 절감되는 것을 범위의 경제라 하고, 이러한 범위의 경제에서 나오는 시너지를 원가 절감 시너지라고 한다.

㉢ **매출 증대 시너지** : 유동인력, 자본, 유무형 자산 등 함께 공유한다는 차원에서는 원가 절감 시너지와 비슷하다. 다만, 매출 증대 시너지는 함께 공유를 하면서 매출 증대를 도모한다.

② 앤소프(Ansoff)의 성장전략 : 제품–시장 매트릭스

㉠ 제품의 다각화 전략은 제품의 생산지향적 전략에서 시장지향적 전략으로 이어지는 과정에서 필연적으로 나타나는 제품전략이다.

㉡ 앤소프는 시장침투, 제품개발, 그리고 시장개발 등의 전략을 확대전략으로 파악하고, 이와 대비되는 전략을 다각화 전략(diversification strategy)으로 파악하고 있다.

제품 → 위험증가

시장 ↓ 위험증가

시장 \ 제품	기존	신
기존	시장침투 전략 (market penetration)	제품개발 전략 (production development)
신	시장확장 전략 (market extension)	다각화 전략 (diversification)

구분	시장침투 전략	시장개발 전략	제품개발 전략	다각화 전략
개념	현재의 제품으로 현재의 시장에서 성장을 도모	현재 제품으로 새로운 시장을 모색	현재의 시장에서 새로운 혹은 개선된 제품이나 서비스 개발	새로운 제품을 만들어서 새로운 시장에 판매
방법	• 제품의 사용 빈도 증가 • 경쟁자의 고객을 유혹 • 경쟁사의 매입	• 새로운 지리적 시장에 진입 • 목표 시장에의 진입 • 현재 제품과 설비의 확장된 사용	• 기능 개선 • 신뢰성, 속도, 효율성 혹은 내구성 등의 품질 개선 • 미적 요소의 추가 • 새로운 모델의 소개	• 기존 제품과 관련된 제품 개발 • 기존 제품과 무관한 제품 개발

3. 마이클 포터(Michael Porter)의 본원적 경쟁 전략

① 의의

㉠ 마이클 포터는 산업의 경쟁적 구조 분석을 전제로 개별 기업의 강점・약점 분석에 의한 대응전략을 전개하였다.

㉡ 본원적 경쟁 전략이란 산업 내에서 효과적으로 경쟁할 수 있는 일반적인 형태의 전략 유형을 의미한다.

㉢ 본원적이라고 부르는 이유는 제조기업이든 서비스 기업이든 어떤 기업이든 상관없이 모든 기업에 적용할 수 있기 때문이다.

② 전략의 구분

㉠ 본원적 전략은 경쟁을 성공으로 이끌 요인을 의미하는 '경쟁우위'와 경쟁이 발생하는 시장의 범위인 '경쟁범위'를 기준으로 구분된다.

㉡ 사업부 전략을 결정짓는 경쟁우위 요소로는 가격으로 경쟁하는 원가와 비가격으로 경쟁하는 차별화가 있고, 경쟁범위로는 광범위한 시장과 좁은 시장이 있다.

		경쟁우위	
		저원가	차별화
경쟁범위	넓음	원가우위 전략 (cost leadership)	차별화 전략 (differentiation)
	좁음	원가집중 전략 (cost focus)	집중차별화 전략 (focused differentiation)

4. 포트폴리오 전략 : BCG 매트릭스(성장-점유 매트릭스)

① 성장-점유 매트릭스의 의의

㉠ 성장-점유 매트릭스는 BCG가 전략적 사업단위(제품 또는 사업단위)에 대해 평균적인 시장 성장률과 상대적인 시장점유율이라는 두 가지 전략적 요인을 기준으로 하여, 현금 흐름을 중심으로 전략적 사업단위 간의 균형을 도모하기 위하여 개발한 기법이다.

㉡ 특정 사업 분야의 매출액, 그 사업이 속한 시장의 성장률, 그리고 그 사업의 추진으로 인한 현금의 유입과 유출 여부의 세 가지 요인에 의해 사업이나 제품 다각화의 순서와 정도를 결정하는 기법이다.

㉢ 자금을 필요로 하거나 자금 창출 능력이 있는 상이한 사업부서간의 균형을 유지할 목적으로 사용되기도 한다.

② 매트릭스의 구성

세로축에 제품의 시장성장률, 가로축에 시장점유율을 설정하고 매트릭스 형식에 의해 4분면으로 포트폴리오를 구분한다.

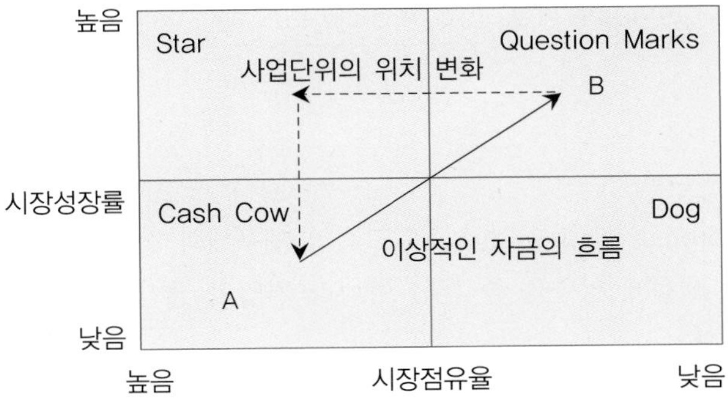

③ 매트릭스의 의미

Star(별 사업부)	• 성장사업으로 고성장과 고점유의 영역으로서 거액의 현금을 창출하는 한편 거액의 비용을 투자해야 함. • 이 영역에서는 순현금흐름이 균형을 이루는 경우가 많지만 회사에 있어서 최상의 수익성장 및 투자의 기회이므로 경쟁적 위치의 구축을 위하여 모든 노력을 경주
Cash Cow (현금 젖소 사업부)	• 수익주종사업으로 저성장과 고점유의 영역에서는 우세한 시장 위치와 저비용으로 현금 창출이 높아져야 되며, 저성장이므로 재투자를 자제해야 함. • 이 영역에서는 현금 잉여를 창출하여 배당과 이자의 지불, 포트폴리오의 어느 상황에나 투자할 수 있는 자금 준비 등을 위한 돈주머니의 역할을 함.
Question Mark (물음표 사업부)	• 개발사업으로 고성장과 저점유의 영역이며, 고성장으로 인하여 현금 필요성은 많지만 저점유로 인하여 현금의 창출은 적음. • 여기서는 저성장 영역보다 시장 점유의 확대가 용이하고 비용이 적게 들기 때문에 Stars가 될 수 있도록 만드는 전략이 요구됨. → 이 영역은 성숙되면 Cash Cows 영역이 됨.
Dog(개 사업부)	• 사양사업으로 저성장과 저점유의 영역이며 Stars 영역과 대조 • 성장이 낮으므로 생존 가능한 위치에 이르기 위한 충분한 시장점유율을 확대할 수 있는 가능성이 거의 없음.

3 서비스 지향 조직(고객만족경영) 이해

핵심 키워드

고객 만족의 개념, 고객만족경영의 대두 배경, 고객만족경영의 추진 절차, 고객만족경영의 효과

1. 고객만족의 의의

① 고객만족(CS : Customer Satisfaction)은 고객의 재구매와 상표충성도, 구전활동, 불평행동 등과 같은 소비자 행동에 영향을 줄 뿐만 아니라 기업의 장기적인 존속과 수익 창출을 위한 필연적 조건이 된다.

② 고객은 제품이나 서비스를 구매시 가격, 품질, 성능, 디자인, 서비스 등의 평가 기준을 두고 구매를 하며, 구매 후 평가 과정을 통해 만족 또는 불만족하게 된다.

③ 고객만족은 제품이나 서비스에 대하여 고객이 구매 후 지각하는 성과가 구매 전 기대와 비교하여 느끼는 상태를 의미한다.

④ 기대-성과의 일치/불일치 모형은 고객의 구매 후 평가 과정을 가장 설득력 있게 설명해준다.

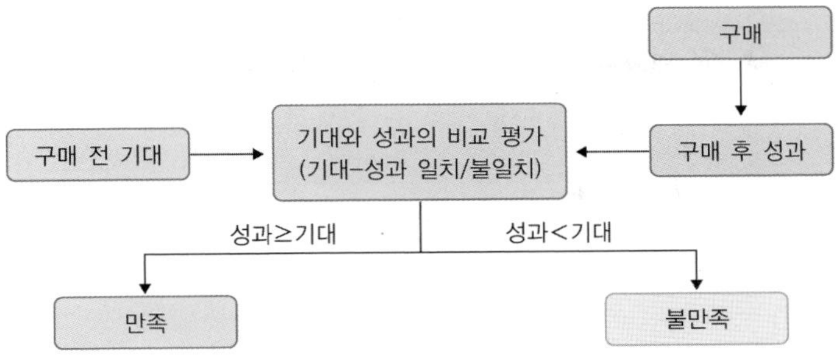

2. 고객만족경영의 의의

① 고객만족경영(CSM : Customer Satisfaction Management)의 개념

㉠ 고객만족경영이란 고객지향적 사고가 기업 경영의 모든 측면에 반영되어 고객의 입장에서 고객만족의 향상을 위해 지속적으로 노력하는 경영을 의미한다.

㉡ 고객지향적 사고란 표적 고객의 필요와 욕구를 찾아 이를 충족시켜줄 수 있는 제품과 서비스를 제공함으로써 고객만족을 극대화하는 것이다.

㉢ 이러한 고객지향적 사고를 통해 기업의 장기적 생존과 성장을 도모하는 고객 중심의 경영이념이 고객만족경영이다.

② 고객만족경영의 대두

고객만족경영은 1980년 스칸디나비아 항공사(SAS)의 사장인 얀 칼슨(Yan Kalson)이 일선 종업원과 고객이 접촉하는 순간, 즉 진실의 순간 또는 결정적 순간(MOT : Moment of Truth)의 개념을 회사경영에 도입하면서 시작되었다.

③ 고객만족경영의 배경

글로벌 경쟁의 격화	글로벌 경쟁 시대의 도래에 따라 소비자들은 제품의 선택 범위가 보다 넓어졌음. → 고객의 요구를 외면한 기업은 경쟁에서 도태
시장의 성숙화와 제품차별화의 한계	대부분의 시장이 성숙기에 접어들어 제품차별화, 다품종 소량생산 등의 활로를 모색했으나 한계 → 우수한 품질과 서비스로 제품의 부가가치를 향상시켜 고객만족을 높이는 경영 도입
시장 내 파워의 이동	산업이 발달하고 경쟁이 격화됨에 따라 생산자 또는 기업 중심의 시장에서 소비자가 주도하는 소비자 중심의 시장 상황으로 변화
종업원의 의식과 노동 환경의 변화	회사 내에 노사 간의 신뢰관계와 민주적 가치관 정착, 종업원 만족이 고객만족의 전제가 됨에 따라 종업원에 대한 동기유발과 보상, 교육 훈련, 종업원 임파워먼트 등이 중시
소비자 욕구와 가치의 변화	소비자의 욕구는 점점 다양해지고 빠르게 변하며 가치 기준에 있어서 시간 가치와 서비스를 중요시하며 개별화된 기호를 갖게 됨.
소비 행동의 변화	소득이 향상되고 생활의 여유가 생김에 따라 생존을 위한 소비보다 즐기며 개성을 나타내는 소비 패턴을 보임.

소비자 주권의식의 확산	뉴미디어가 등장하고 정보화 사회가 도래함에 따라 소비자 스스로 정보를 창조하고 처리하는 능동적 주체적 존재로 변화
기술 혁신	정보통신분야의 기술 발달 → 고객 정보의 수집과 처리 능력을 높여주고 고객의 욕구와 참신한 아이디어를 제공함으로써 고객만족 도모

3. 고객만족경영의 추진 원칙

① 의의

고객만족경영은 진심으로 우러나오는 고객 제일의 마음을 바탕으로 하여 고객 접점 최우선, 정기・정량・완전 측정, 경영자・관리자 주도 원칙에 따라 구축된다.

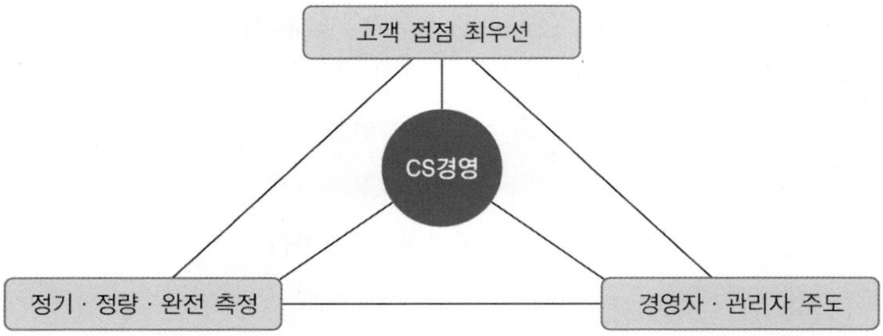

② 고객만족경영의 3대 원칙

고객 접점 최우선 원칙	• 고객과 기업이 가장 먼저 접촉하는 모든 접점에서 사건의 실태를 정확하게 파악하여 그것을 경영의 출발점으로 삼음. • 고객과의 접점이란 전화 응대와 접객 태도 등 종업원과의 접점은 물론 제품 그 자체의 기능과 이미지, 시설 내부의 상황과 분위기, 환경의 쾌적함과 설비 등 고객만족에 영향을 미치는 모든 요소 포함
정기・정량・완전 측정 원칙	• 고객 접점에서의 대응과 이에 제공되는 상품과 서비스에 대한 고객의 만족도를 정량적・계속적으로 측정 • 고객 만족도의 측정은 고객의 입장에서 고객의 관심 부분을 조사해야 하며, 통계적으로 신뢰할 수 있는 설계에 의거해야 함.
경영자・관리자 주도 원칙	경영자를 비롯하여 중간관리자들이 측정 결과에 대하여 지대한 관심을 갖고 선두에 서서 검토하여야 함. → 자사의 제품과 서비스의 개혁에 신속하게 대처

4. 고객만족경영의 추진 절차

① 추진 프로세스

1단계	고객만족경영 이념의 확립	자사의 제품과 서비스에 대한 고객의 만족을 얻기 위해 기업이 지금까지 어떤 사고방식과 경영이념 및 신조를 가져왔는지를 조사
2단계	고객만족도 측정시스템의 설정과 측정 해석	• 기업과 고객 간의 모든 접점을 파악 → 접점마다 질문 항목을 설정하고 측정 계획을 수립하여 조사 실시 • 측정 결과를 분석하여 전체의 만족도에 대한 기여도가 높은 중점항목을 명확히 함. • 조사설계 시 사내 관련 부서의 고객접점업무를 분석・정리
3단계	제품 및 서비스의 개선・개혁안 수립	고객만족도의 측정 결과를 토대로 고객만족 향상을 위한 과제 추출 → 업무 개선과 개혁안의 작성
4단계	시행 결과의 평가와 행동	• 개선・개혁안이 실시되고, 정기적으로 만족도 조사에 의해 개선・개혁의 유효성과 만족도 향상 정도를 측정 • 조직 내에서 지속적으로 실시・정착시킬 수 있도록 고객만족경영체제의 정비에 힘써야 함.
5단계	고개만족 기업 풍토 개혁	• 고객만족경영 이념의 침투, 개선・개혁의 실시를 통해 사내의 가치관, 행동 관습을 고객만족 제일주의로 바꿔야 함. • 현재 사내의 고객만족 마인드를 측정하여 기업 풍토 형성에 영향을 주는 마인드상의 문제점과 과제를 추출하는 것도 효과적 대안임.

② 고객만족경영 혁신을 저해하는 조직 체질

1. 고객과의 접점을 경시하는 조직
   - ▷ 고객 정보는 영업이나 전문 창구에 맡김.
   - ▷ 접점 업무에 미경력자 배치
2. 사원의 지적 능력 향상을 게을리하는 조직
   - ▷ 업무 일선에서는 매뉴얼대로 하면 된다고 생각
   - ▷ 아래로부터의 정보는 알려고 하면서 위의 정보는 내려 보내지 않음.
3. 고객만족경영의 중요성을 종업원들이 실감하지 못하는 조직
   - ▷ 개선되지 않는 직장 환경과 노동 조건
   - ▷ 시간관리, 감정주의, 상대평가의 폐해
   - ▷ 업무 일선을 지원하지 않는 내향적인 중간 관리 부문
4. 개선 체험이 적은 조직
   - ▷ 형식적인 개선 활동으로 실제 개선이 없는 조직
   - ▷ 기본적 사고방식을 바꾸지 않은 채 방법만 도입하려고 함.
5. 본질적인 커뮤니케이션이 약한 조직
   - ▷ 지도력에 의한 리더십을 발휘할 수 없는 관리자
   - ▷ 계층 간에 과제를 깊이 생각하며 대화하는 습관이 없는 조직

5. 고객만족경영의 효과

① 의의

㉠ 어떤 제품이나 서비스를 구매한 고객은 구매 후 평가 과정을 통해 만족 또는 불만족한 반응을 보이게 된다.

㉡ 고객은 구매 후 만족 또는 불만족의 결과 변수로써 다양한 반응들을 나타낸다.

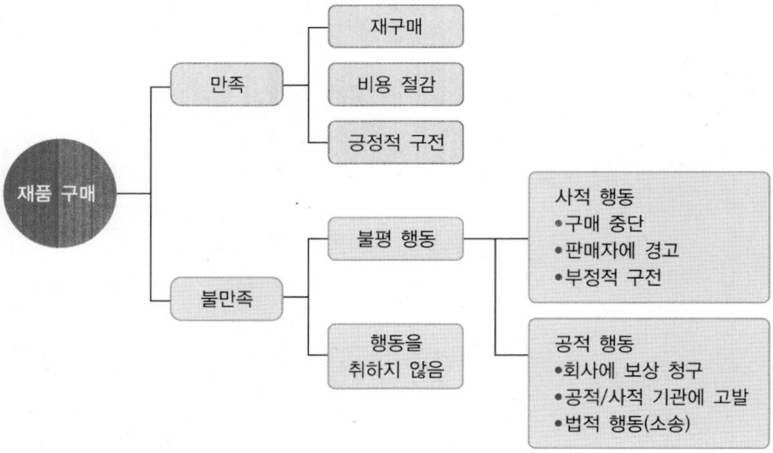

② 고객만족경영을 통한 효과

재구매 행동과 상표충성도	• 제품 구매를 통해 만족한 고객은 재구매를 하게 되고, 특정 상표에 대하여 반복구매가 이루어짐에 따라 상표충성도(brand loyalty)를 보이게 됨. • 대부분의 시장에서는 신규 고객을 확보하는 것보다 기존 고객의 유지·강화를 통해 재구매와 반복구매를 유도하는 것이 훨씬 경제적이고 기업에 이익이 됨. → 한번 맺어진 고객관계가 평생고객관계로 이어질 수 있고, 상표충성도를 확보함으로써 고객을 재창출할 수 있게 해주기 때문
비용 절감	• 기업이 신규 고객보다 재구매나 반복구매 고객을 확보하는 데 노력을 집중하는 이유는 비용 절감 효과가 있기 때문 • 신규 고객을 창출하는 데 소요되는 비용은 기존 고객을 유지하는 데 드는 비용의 수배에 달하며, 기업 간 경쟁이 치열할수록 신규 고객 확보가 어려워짐.
구전 효과	• 제품 구매에서 만족한 고객은 친구나 이웃, 친지, 동료 등 주변 사람들에게 제품을 선전하고, 그 제품의 구입을 권유함으로써 구전(word of mouth)을 통해 광고 효과를 발휘 • 한 사람의 만족한 고객은 구전을 통해 여러 명의 새로운 고객을 창출할 수 있게 해줌. → 기업은 별도의 촉진 비용을 투입하지 않고도 큰 성과를 낼 수 있게 됨.

4 고객만족도 향상 전략

핵심 키워드

국가고객만족도 지수(NCSI), 고객만족경영의 실천 과제, 고객만족경영의 실천 전략, 전사적 품질경영(TQM)

1. 고객만족의 평가

① 국가고객만족도 지수(NCSI : National Customer Satisfaction Index)의 이해

㉠ NCSI는 기업, 산업, 국가의 품질경쟁력 향상과 국민의 삶의 질 향상을 목적으로 한국생산성본부가 미국 미시간대학과 함께 개발한 고객만족 측정 지표이다.

㉡ NCSI는 공익적 목적으로 기업경쟁력 제고를 위하여 직접 제품과 서비스를 경험한 고객을 대상으로 조사되고 있다.

㉢ 1인 1업종 설문으로 직접대면조사를 하고 있으며, NCSI의 조사 규모는 단일대면조사로서는 세계 최대 규모이다.

㉣ 1998년 NCSI 도입 이후, 기업들의 다각적인 노력을 통해 고객만족도 향상이 이루어지고 있으며 국가 전반의 품질경쟁력 향상에 큰 기여를 하고 있다.

② 국가고객만족도 지수 평가 모델

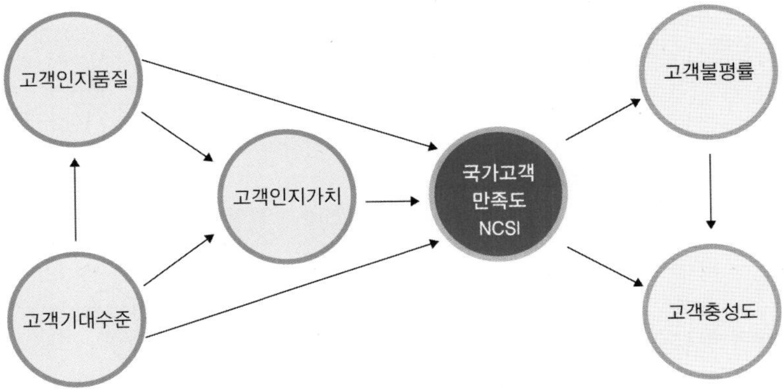

㉠ NCSI 측정 단위는 기업이 제공하는 제품 및 서비스로 특정 제품과 브랜드에 대한 만족도를 측정하기보다는 기업이 생산, 판매하는 전 제품과 서비스에 대한 기업 차원의 만족도를 측정한다.

㉡ NCSI 모델은 총 6가지의 잠재 변수로 구성되어 있는데 선행 변수와 성과 변수로 구분된다.

선행 변수	성과 변수
고객기대수준, 고객인지품질, 고객인지가치 → 고객만족도에 영향을 미치는 선행 변수	고객불평률, 고객충성도 → 고객만족 수준에 의해 결정되는 성과 변수

2. 고객만족경영의 실천

① 고객만족경영의 실천 과제

최고경영자의 강력한 추진 의지	• 시장점유율 확대나 원가 절감이라는 근시안적 경영 목표 추구에서 벗어나 고객만족을 궁극적 경영 목표로 삼아야 함. • 최고경영자는 고객만족을 달성하기 위한 강력한 의지를 기업 내부의 조직구성원들에게 전파해야 함.
전체 조직구성원의 적극적 참여	최고경영자의 강력한 추진의지와 함께 전 조직구성원의 적극적인 참여가 있어야 함. → 고객만족 성과를 명확히 측정하고, 이를 토대로 철저히 보상하는 평가시스템의 운영이 필요
고객만족지향적 기업문화 구축	• 최고경영자로부터 하부 직원에 이르기까지 기업 내부의 모든 구성원들이 고객만족을 최우선 목표로 두는 고객만족경영 문화가 정착되어야 함. • 고객만족지향적 문화를 구축하기 위해서는 최고경영층의 지원, 최일선의 현장 종업원의 견해를 청취할 수 있는 의사소통 체계 구축, 현장 종업원에 대한 재량권 부여가 충족되어야 함.
내부 고객 만족	고객만족경영을 기업 내부에 성공적으로 정착시키려면 사내 종업원들인 내부고객을 만족시켜야 함.
고객정보관리체제 구축	• 고객만족도 측정이 고객의 입장에서 객관적으로 이루어져야 함. • 고객만족의 지수화를 통한 지속적 개선 활동이 목표 설정과 성과 측정이 가능하도록 고객정보관리체제를 구축해야 함.
역피라미드형 조직 구조	• 기존의 최고경영자가 최상단에 있는 피라미드형 조직 구조와 반대로 고객이 조직이 맨 위에 있는 형태 → 관리자와 최고경영자는 조직의 하단에서 고객과 일선 종업원을 지원 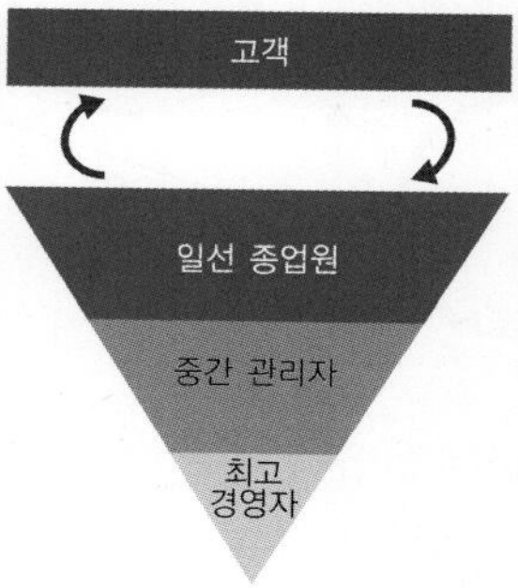 • 고객을 접촉하는 일선 종업원에게 가능한 많은 임파워먼트를 해야 하고, 고객의 요구나 불만 요인을 즉각적으로 의사결정에 반영할 수 있는 커뮤니케이션 통로가 필요

3. 고객만족경영의 실천 전략

① 고객의 소리에 귀를 기울여라

㉠ 고객은 기업에게 끊임없는 아이디어를 제공해 주는 원천이므로 고객의 소중한 소리를 데이터베이스화하여 개별적이고 세심한 관리에 활용해야 한다.

㉡ 기업은 특히 고객의 불평을 들어주는 일에 많은 신경을 써야 한다. 고객의 불만을 들어주는 것 자체가 중요한 고객 서비스가 되며 고객 불만을 해소할 수 있는 계기가 되기 때문이다.

② 고객 불평 악순환의 고리를 끊어라

㉠ 고객 불평을 성가시고 귀찮은 것이 아니라 문제를 해결하고 해당 고객을 충성 고객으로 만들 수 있는 절호의 기회로 삼아야 한다.

㉡ 고객 불평이 많이 발생하는 부서일수록 시스템을 개선해 주고 더 많은 지원과 교육을 통해 관심을 가져주어야 한다.

③ 독특한 서비스를 창출하라

㉠ 가격 경쟁과 같은 모방이 용이한 수단 외에 독특한 서비스를 제공(예 공항 내에 샤워부스와 화장을 고칠 수 있는 공간 제공 및 다림질 서비스 제공)함으로써 충성 고객을 확보하고 고객가치를 연장시킬 수 있어야 한다.

㉡ 충성 고객은 영업사원이 아무리 노력해도 달성할 수 없는 효과를 구전을 통해 가져온다.

④ 서비스 회복에 투자하라

어떤 기업이든 완벽한 기업은 없으며 실수가 있기 마련이다. 따라서 기업의 실수를 만회하고 상처받은 고객의 마음을 회복시키는 서비스 회복의 중요성이 대두되는 것이다.

⑤ 판매 후 고객 관리를 강조하라

㉠ 일반적으로 신규 고객을 확보하는 것보다 기존 고객의 유지・강화를 위해 노력하는 것이 훨씬 경제적이고 기업의 이익에 도움이 된다.

㉡ 제품을 구입해 준 고객의 인적 사항을 확인해 두고, 전화나, 이메일, SMS 등으로 판매 후 관리를 하는 것이 중요하다.

㉢ 한번 거래한 고객과의 신뢰를 확립하면 고객의 이탈을 방지하여 고정 고객이 될 확률이 높아진다.

⑥ 우량 고객을 집중 관리하라

㉠ 마케팅에는 20대 80의 법칙이 있다. 기업 매출액의 80%는 20%의 우량 고객 또는 대량 사용자가 차지하고 나머지 매출액의 20%는 소량 사용자가 차지한다는 법칙이다.

㉡ 제한된 자원을 가지고 있는 기업의 입장에서는 우량 고객을 대상으로 고객만족경영 활동에 집중하는 것이 중요하다.

⑦ 데이터베이스 마케팅을 적극 활용하라

㉠ 기업의 제품이나 서비스를 구매한 고객들의 자료를 데이터베이스화 한다. 이 자료를 활용하여 개별 고객의 욕구와 구매 취향을 파악하고, 그들에게 맞춤 정보와 다양한 서비스 기회를 제공한다.

㉡ 고객 데이터베이스에 기반한 고객 중심의 마케팅을 데이터베이스 마케팅이라고 하며, 대 고객관계를 유지, 강화시켜나가는 활동은 고객만족경영과 관계마케팅을 실천하는 주요 방안이 된다.

4. 전사적 품질경영(TQM : Total Quality Management)

① 종합적 품질경영이라고도 하며 제품이나 서비스의 품질뿐만 아니라 경영과 업무, 직장 환경, 조직구성원의 자질까지도 품질 개념에 포함하여 관리할 것을 제안한다.

② 1960년대 이후 크게 발전한 전사적 품질관리(TQC : Total Quality Control)에서 발전한 개념이다.

③ TQC에서는 통계학적인 관리를 중시한 반면 TQM은 통계학적인 것은 물론 노동의 질적인 측면도 고려해야 한다는 일본식 품질관리 원리에 영향을 받으면서 발전했다.

④ TQM은 경영・기술 차원에서 실천되던 고객지향 품질관리 활동을 품질관리 책임자뿐 아니라 마케팅, 엔지니어링, 생산, 노사관계 등 기업의 모든 분야에 확대하여, 기업의 조직 및 구성원 모두가 품질 관리의 실천자가 되어야 한다는 것을 전제한다.

고객만족경영(CSM) 전략

제 5 장 단원 기출문제

PART 1 일반형

01 다음 중 경영 전략의 특징에 대한 설명으로 가장 적절한 것은?

① 전략 집행과 결과 검토를 위한 충분한 기간이 필요하다.
② 전략 수립 과정에서는 소수 인력을 집중 투입하는 편이 효율적이다.
③ 전략적으로 선택된 부분은 일부이기 때문에 전략의 영향력은 상당히 작다.
④ 조직 내・외부의 환경 요인을 파악하여 경쟁을 회피하기 위한 목표를 설정한다.
⑤ 전략적 의사 결정은 간헐적으로 이루어지는 것이 일반적이기 때문에 일관된 패턴을 갖기 어렵다.

해 설 ② 자원배분 결정부터 일상업무 활동까지 그 내용이 광범위하므로 전 조직이 전략 수립에 적극적으로 참여하는 것이 필요하다.
③ 선택된 분야에 노력과 자원의 집중이 이루어지므로 전략의 영향력은 상당히 크다.
④ 외부 환경의 기회・위협과 조직의 강점・약점을 적절히 대응하여 각 사업의 장기적 경쟁 우위를 달성하기 위한 목표를 설정한다.
⑤ 전략적 의사결정은 연속적으로 이루어지는 것이 보통이며, 상호보완적이고 일관된 패턴을 가져야 한다.

02 다음 중 고객만족경영의 효과로 가장 거리가 먼 것은?

① 재구매 고객 창출
② 마케팅 비용 절감
③ 임직원 이직률 감소
④ 고객 전환 비용(Switching Cost) 최소화
⑤ 고객에 의한 구전(WOM : Word of Mouth)

해 설 고객만족경영에서의 고객은 내부 고객을 포괄하는 개념이며, 적극적인 관계 마케팅을 통한 전환 비용(Switching Cost) 극대화를 통해 고객의 재구매를 활성화시킬 수 있다.

정답 01 ① 02 ④

03 다음 중 고객을 계속 유지하기 위한 방법으로 가장 적절하지 않은 것은?

① 고객 서비스에 대한 원활한 정보 전달
② 내부 고객에게 제공하는 서비스 향상
③ 종업원의 표준화된 서비스 제공을 위한 자율성 제한
④ 위험 감수, 새로운 아이디어 창출을 위한 기업문화 조성
⑤ 모든 의사결정, 시스템 및 공정을 고객의 욕구와 기대에 초점

해 설 고객을 계속 유지하기 위해서는 고객의 요구에 유연하게 대응할 수 있도록 종업원에게 높은 자율성을 부여해야 한다.

PART 3 연결형

[04-05] 다음 설명이 의미하는 적합한 단어를 각각 선택하시오.

① 제품화	② 고객화	③ 적시공급생산(JIT)
④ 서비스 회복	⑤ 전사적 품질경영(TQM)	

04 고객의 욕구 충족 및 관심 사항을 우선적으로 고려하여 고객의 다양한 요구에 효과적으로 응대하도록 하는 프로세스 설계 방법

( )

05 기업의 경쟁 우위를 확보하고 최고경영자를 중심으로 전 조직원과의 의식 개혁을 통하여 품질 중심의 기업문화를 창출하고 고객 만족을 지향하는 시스템으로 변화하기 위한 활동

( )

정답 03 ③ 04 ② 05 ⑤

PART 4 사례형

06 다음은 전략적 상황 분석에 의한 SWOT 전략 수립 방법 중 사례와 잘 연결된 전략은?

A. 미국 최대 서적 체인점인 A사는 최근 디지털 컨텐츠 시장의 급신장으로 온라인 시장에 진출하려 한다. 그러나 온라인 시장에서의 낮은 인지도와 고객 DB의 열세로, 경쟁사인 D사가 독점하는 온라인 시장을 잠식하기에는 역부족이다.
B. B 전자는 휴대폰 시장의 선도기업이다. 최근 시장 수요가 감소되고 후발 주자의 거센 추격으로 위협을 받고 있다. 특히 중국업체 중 W사, L사의 저가 가격공세가 거세다. 그럼에도 불구하고 B 전자는 2020년 비전달성을 위해 내년 매출목표 10% 성장을 목표로 하고 있다.
C. C 오일은 국내 4대 정유회사 중 하나로, 지속되는 수요부진과 원유가격의 영향으로 매출 및 수익이 감소하고 있다. 최근 최대 주주인 E의 적극적인 투자지원에 힘입어 저부가가치 제품 생산구조에서 고부가가치 제품 생산구조로 전환하고 ODC 투자를 확대할 예정이다.

	가	나	다
①	시장침투 전략	시장기회선점 전략	제품다각화 전략
②	시장기회선점 전략	시장침투 전략	전략적제휴 전략
③	제품다각화 전략	시장침투 전략	시장기회선점 전략
④	전략적제휴 전략	시장침투 전략	제품다각화 전략
⑤	전략적제휴 전략	시장기회선점 전략	제품다각화 전략

해 설 가. 전략적제휴 전략(OW 또는 WO 전략) 나. 시장침투 전략(TS 또는 ST 전략) 다. 제품다각화 전략(OS 또는 SO 전략)이다.

정답 06 ④

07 **다음 사례를 읽고 고객만족경영의 어떤 개념을 설명하는지 고르시오.**

> 다른 지역으로의 해외 출장을 자주하는 A는 매번 오랜 시간 비행을 한 모습으로 중요한 비즈니스 고객을 만나는 것은 바람직하지 못하다는 생각을 한다. A는 이를 해결하기 위해 짧은 시간이지만 화장을 고치고 의복을 다림질 할 수 있는 호텔을 이용하곤 한다. K항공사는 A와 같은 문제로 고민하는 고객들을 위해 샤워부스(shower booth)와 화장을 고칠 수 있는 공간을 제공하고, 다림질 서비스를 제공하면서 큰 호응을 얻고 있다.

① 고객가치 연장
② 고객가치 증진
③ 고객 만족 연장
④ 충성 고객 증대
⑤ 반복구매 유도

해설 K항공사가 샤워부스와 화장을 고칠 수 있는 공간을 제공하고, 다림질 서비스를 제공한 것은 고객가치 연장에 대한 전형적인 사례이다.

정답 07 ①

부록 동형 기출 모의고사

SMAT

모듈 C 서비스 운영 전략

문제 유형				
PART 1 일반형	**PART 2** O/X형	**PART 3** 연결형	**PART 4** 사례형	**PART 5** 통합형
24문항	5문항	5문항	10문항	6문항

PART 1 일반형 24문항
PART 2 O/X형 5문항
PART 3 연결형 5문항
PART 4 사례형 10문항
PART 5 통합형 6문항

Service Management Ability Test

01 다음 중 서비스 패러독스(service paradox)가 발생하게 된 원인으로 가장 적절한 것은?

① 셀프서비스 증가
② 고객의 기대 감소
③ 숙련된 서비스 제공자 일선 배치
④ 개인의 요구에 맞춘 서비스 개별화
⑤ 서비스 생산 및 제공 과정에서 인간 존중

02 서비스 유형별 분류 매트릭스 작성에 필요한 것으로 거리가 먼 것은?

① 고객 접촉도에 따른 접점 관리
② 부가서비스 영역의 증가 주목
③ 고객의 적극적인 참여에 대한 독려
④ 서비스 수요 관리의 중요성 인지와 정보기술 활용
⑤ 일괄적인 서비스 향상을 위한 통합 시스템 구축

03 서비스 전달 시스템을 효율적으로 설계하기 위해 고려해야 할 서비스 보증(service guarantee)에 대한 설명으로 가장 적절한 것은?

① 최소한의 보증은 무보증과 유사하다.
② 보증을 요구한 고객이 만족해하는지를 명확하게 확인한다.
③ 효율성을 위해 서비스 설계 단계에서의 참여자를 최소화한다.
④ 법률적 용어를 사용하여 최대한 상세하게 보증 조건을 제시한다.
⑤ 고객이 보증을 요구할 경우 다양한 상황을 충분한 시간을 가지고 검토한 후에 대응한다.

04 **다음 중 서비스 품질 격차(gap) 모델에 대한 설명으로 가장 적절한 것은?**

① 서비스 품질은 격차가 클수록 우수하다고 할 수 있다.
② 서비스 경험과 기대 사이에 발생 가능한 2가지 격차를 밝힌다.
③ 품질명세 격차는 고객 기대 수준을 조정함으로써 해결할 수 있다.
④ 품질명세 격차는 서비스 품질명세가 고객 기대와 불일치할 때 발생한다.
⑤ 경영자 인지 격차는 서비스 경쟁에 대한 경영자의 올바른 이해를 통해 해결할 수 있다.

05 **개선할 서비스 프로세스의 선정 방법으로 옳지 않은 것은?**

① 어떤 서비스가 고객에게 가장 중요한가?
② 어떤 프로세스가 고객의 눈에 가장 잘 띄는가?
③ 서비스를 생산하는 프로세스는 어떤 것인가?
④ 어떤 프로세스가 고객이 설정한 성과 기준에 가장 큰 영향을 미치는가?
⑤ 서비스 제공자가 설정한 성과 기준에 어떤 서비스가 가장 큰 영향을 미치는가?

06 **다음 중 서비스 수요를 예측하거나 관리하는 것에 대한 설명 중 옳은 것은?**

① 시간 경과에 대한 기준을 이용하여 서비스 수요를 파악하는 것이 좋다.
② 가급적 넓은 범위의 시장 규모를 단위로 활용하여 수요를 확인하는 것이 좋다.
③ 날씨와 환경 등은 제품 수요에 비해 서비스 수요에는 영향을 미치지 않는다.
④ 동일 시간을 기준으로 할 때 서비스 수요는 제품 수요에 비해 변화의 폭이 적다.
⑤ 고객의 나이에 따른 특성은 거의 모든 시장에서 서비스 수요 예측을 위한 중요 변수가 된다.

07 **서비스 대기행렬 이론과 관련된 설명으로 가장 옳지 않은 것은?**

① 서비스를 처리하는 우선순위 규칙 중 FCFS의 장점은 단순성과 공정성에 있다.
② 고객 대기 비용(간접 비용)은 서비스를 받기 위해 대기하는 장소 등의 관리비도 포함된다.
③ 대기는 '고객이 도착하는 간격'과 '서비스에 걸리는 시간'이 불확실할 때에도 발생할 수 있다.
④ 대기 시스템에서 발생하는 총비용을 최소화하는 서비스 용량의 수준을 찾는 것이 대기행렬이론의 목적이다.
⑤ 대기행렬 이론에서는 서비스 시스템이 한 고객을 처리하는 데 걸리는 서비스 시간은 포아송 분포를 따른다고 가정한다.

08 인적자원관리의 성격과 중요성에 관한 다음의 설명 중 가장 옳지 않은 것은?

① 인적자원은 능동적이고 자율적인 성격을 띠고 있다.

② 인적자원관리는 직원이 창출하는 노동 상품이 하나의 인격체라는 인식에서 출발한다.

③ 각 개인의 노동력은 이질적인 것이 아니며, 각 인적자원은 그들이 담당할 수 있는 직무가 동일하다.

④ 조직의 구성원들은 목표를 달성하기 위하여 필수적이며, 구성원들을 어떻게 관리하는가에 따라 조직의 성패가 좌우된다.

⑤ 성공적인 인적자원관리를 위해서는 선발에서부터 평가와 보상에 이르는 전 과정을 통합적으로 계획하고 관리해야 한다.

09 다음 중 직무 평가의 방법으로 적절한 것은?

① 요소비교법은 간단하고 신속하다.

② 서열법은 기업들이 가장 많이 이용하는 직무 평가 방법이다.

③ 분류법은 평가 요소를 기준 직무의 평가 요소와 결부시켜 비교하는 것이다.

④ 분류법은 사전에 만들어 놓은 등급에 직무를 판정하여 맞추어 넣는 방법이다.

⑤ 요소비교법은 직무 요소마다 점수화, 통계화하여 직무 가치를 평가하는 방법이다.

10 다음 중 고객만족경영에 대한 설명으로 가장 적절한 것은?

① 기업이 제공하는 모든 활동에 대해 고객의 종합적 인식에 의한 판단 평가이다.

② 시장을 세분화하여 다양한 고객의 소리를 청취하고, 시장의 변화를 파악하는 노력이다.

③ 기업이 고객을 발굴하고, 선정하고, 획득하고, 개발하고, 유지하는 모든 비즈니스 프로세스를 말한다.

④ 직원만족도/충성도, 생산성, 고객만족도/충성도, 수익 창출 및 지속 성장의 관계를 정의하는 것이다.

⑤ 고객만족도를 정량적으로 파악하고, 객관적으로 판단하여 이를 제고하기 위한 경영 노력 그 자체를 말한다.

11 **다음 중 전략 수립 과정에 포함되는 내용에 대한 설명으로 적절하지 않은 것은?**

① 사업 전략이란 기업의 장기적 계획이며 어떻게 사명을 달성할 것인가를 지시하는 역할을 한다.
② 경쟁 우선순위를 설정한 후 외부환경 평가와 기업의 강・약점 파악을 바탕으로 기업 전략을 수립한다.
③ 외부환경 평가는 조직 외부환경 분석을 통해 기회 및 위협 요인을 확인하고, 이들이 기업에 미치는 직・간접적인 영향을 분석한다.
④ 조직의 핵심 능력 발견은 내부 보유자원 및 능력을 경쟁자와 대비하여 상대적 강・약점을 파악하고 특유 능력이 발휘될 여지를 결정한다.
⑤ 기업 사명이란 조직의 특유한 목표 집합이며 사업 영역, 목표 고객, 사업에 관한 기본 믿음으로서의 생존, 성장, 수익성에 대한 목표를 나타낸다.

12 **서비스 운영 전략과 관련된 설명으로 가장 적절한 것은?**

① 원가 우위 전략, 차별화 전략, 집중화 전략 등 본원적 전략은 기업 수준의 전략에 해당한다.
② 기업 전략은 사업 전략의 전략 목표 달성을 위한 하위 기능 활동을 조정하는 전략을 의미한다.
③ 기능 전략은 기업의 생산, 마케팅, 재무, 인적자원관리 등 기능적 부문에서 수행하는 전략이다.
④ 사업 전략이란 기업의 주력 사업이 경쟁하는 산업과 범위를 결정하며 신규 사업의 시장 진출에 대한 목표와 방향을 설정해 주는 전략이다.
⑤ 기업 전략은 기업 내 특정 사업에 대한 전략으로 표적 시장 내에서의 경쟁 방안, 목표 고객, 시장 활동 수준, 자원 확보와 배분 방법 등에 대한 전략을 결정한다.

13 **서비스 지향성에 관한 설명 중 가장 적절하지 않은 것은?**

① 탁월한 서비스는 접점에서 전달되므로, 서비스 지향성은 접점 위주로 포커스를 두어야 한다.
② 서비스 지향성은 시장 정보에 대한 전략적 반응으로 탁월한 서비스가 최우선이라는 믿음을 반영하는 성향이다.
③ 서비스 지향성은 절대적 개념이 아닌 상대적 개념으로 이를 평가할 때에도 경쟁자와의 상대적 우위가 중요한 지표일 수 있다.
④ 조직 가치는 서비스 지향성에 영향을 주는 주요 요인으로 고객 중심의 강조, 종업원 만족, 혁신성 등의 조직 가치가 중요한 요인으로 작용할 수 있다.
⑤ 고객의 불만이 발생된 것은 서비스 제공에 대한 전사적인 실패로 인식하고 고객 불만의 해결도 전사적 관점에서 접근하여야 본질적 개선을 이룰 수 있다.

14 **기업의 생존을 위한 지속적 경쟁 우위의 전략적 선택으로서 가장 바람직하지 않은 것은?**

① 서비스 인프라의 구축
② 새롭고 독특한 가치의 창출
③ 대체가 어려운 서비스의 확보
④ 진입 장벽이 높은 서비스의 제공
⑤ 저가격 제품 또는 서비스의 지속적 출시

15 **면접의 유형에 대한 설명으로 적절하지 않은 것은?**

① 정형적 면접 – 구조적 면접 또는 지시적 면접 방식이다.
② 계획적 면접 – 심층면접 또는 행동면접 방식을 사용한다.
③ 패널 면접 – 1명의 면접자가 다수의 피면접자를 면접하는 방식이다.
④ 비지시적 면접 – 피면접자인 지원자에게 최대한 의사표시의 자유를 주고 그 가운데서 지원자에 관한 정보를 얻는 방법이다.
⑤ 스트레스 면접 – 대인적인 압박감이 있는 특수한 직장 환경에서 직무를 수행할 수 있는 능력이 있는가의 여부를 평가하기 위해 행해지는 면접이다.

16 **다음 중 직무 평가에 대한 설명으로 적절하지 않은 것은?**

① 노무비의 정확한 평가와 통제에 활용한다.
② 노동조합과의 단체교섭 기초 자료로 사용된다.
③ 동종의 직무는 모든 조직에서 같은 직무 평가 결과를 받게 된다.
④ 조직 내 공헌도를 일정한 기준에 의해 개별 직무별로 정하는 것이다.
⑤ 직무 분석의 결과로 작성된 직무기술서와 직무명세서를 기초로 한다.

17 **서비스를 공급하는 방식 중 자체 공급 방식을 확보하는 전략에 대한 설명으로 옳지 않은 것은?**

① 수요추구형 전략은 재고가 남거나 부족한 문제가 없다는 장점이 있다.
② 수요추구형 전략은 상황에 따른 수요 예측치의 크기에 따라 공급량을 조정한다.
③ 공급평균화 전략은 서비스 인력을 채용하고 해고하는 데 많은 비용이 든다는 단점이 있다.
④ 공급균화 전략은 일정기간 수요를 측정하여 평균을 낸 후, 그 수치만큼 공급능력을 확보하는 전략이다.
⑤ 혼합 전략은 수요추구형 전략과 공급평균화 전략을 혼합하여 사용하는 전략으로 총비용이 최소가 되는 지점을 선택한다.

18 **주문 공급 모형 중 고정 주문 간격 모형에 대한 설명으로 적절하지 않은 것은?**

① 주기적 주문량이 매번 일정하다.
② 단점은 안전 재고의 수준이 높다는 점이다.
③ 주문 기간과 시점이 정해져 있으므로 관리의 유연성이 낮다.
④ 주기적으로 재고 수준을 점검하기 때문에 통제비용이 적게 소요된다.
⑤ 같은 공급자에게 반복 주문을 하므로 주문 비용이 절감된다는 장점이 있다.

19 **특정 기간의 수요 변화 모습을 분석하는 과정에서는 여러 수요의 변화 모습이 나타날 수 있다. 이에 대한 설명으로 적절하지 않은 것은?**

① 추세란 일정 기간 동안 어느 한 방향으로 일관된 변화 모습을 나타내는 수요의 모습이다.
② 계절 효과는 일반적으로 1년을 기준으로 반복되는 순환 변동으로 자연의 변화나 인간의 기본적 소비속성으로 생기는 경우가 많다.
③ 설명 가능한 사소한 변동이나 설명 불가능한 변동을 설명할 수 있는 효과는 무작위 효과라고 한다.
④ 순환 주기 효과는 계절 효과처럼 반복되는 순환 변동을 의미하고, 1년 미만의 기간 동안 발현되는 변동이다.
⑤ 원인 규명이 어려우며 패턴의 원인을 발견하기가 어려워 효과 대비 많은 비용이 예상되는 경우에는 무작위 변동으로 설명하기도 한다.

20 **갭 모형에서 서비스품질명세서와 실제 서비스 전달 간의 차이가 발생시 이에 대한 해결 방안으로 가장 적절하지 <u>않은</u> 것은?**

① 시장조사 방법의 개선
② 보상의 적절성과 공평성
③ 권한의 위임과 자원 배치
④ 적합한 역량을 지닌 직원 채용과 배치
⑤ 종업원 기술의 적합성을 높이기 위한 교육

21 **서비스 패러독스가 발생하는 원인과 거리가 <u>먼</u> 것은?**

① 고객의 기대 수준이 점점 높아지고 있다.
② 서비스의 기계화(Self Service Technologies)
③ 경쟁적인 서비스 환경이 차별성을 잃게 만들고 있다.
④ 기술의 단순화로 고객이 서비스를 정확하게 인지하고 있다.
⑤ 서비스의 획일화, 즉 지나친 표준화로 서비스의 개별성이 상실되고 있다.

22 **다양한 서비스 유형에 대한 다음의 설명 중 적절하지 <u>않은</u> 것은?**

① 일반적인 택배서비스의 경우 일정 수준의 표준화된 매뉴얼이 있으며, 고객과의 상호작용 밀도가 높지 않은 편이다.
② 백화점에서 회원 카드를 발급하고 회원들에게 할인 쿠폰 서비스 등을 제공하는 것은 고객의 충성도를 높이기 위한 방안 중 하나이다.
③ 법률서비스의 경우, 서비스를 제공하는 직원은 고객과의 인간관계를 유지하는 능력, 문제를 해결할 수 있는 전문적 능력 등이 중요하다.
④ 서비스에서 여러 가지 옵션을 고객이 개별적으로 선택할 수 있는 고객 참여도가 높은 서비스의 경우, 일반적으로 표준화된 서비스를 제공하기 어렵다.
⑤ 인터넷몰(mall)을 통한 장보기는 기존 오프라인 마트 이용시와 비교할 때, 직원의 고객 응대를 더 중요하게 만들고 있다.

23 **서비스의 기본적인 특징으로 옳지 않은 것은?**

① 저장하거나 재판매 할 수 없는 소멸성
② 느끼거나 맛보거나 만질 수 없는 무형성
③ 생산과 소비가 동시에 일어나는 비분리성
④ 순간순간 이루어지기 때문에 나타나는 이질성
⑤ 고객이 원하면 판매 이전으로 되돌릴 수 있는 영구성

24 **서비스 패키지에 대한 설명으로 가장 적절한 것은?**

① 서비스 패키지는 특정 환경에서 재화들의 결합으로 제공되는 상품의 묶음을 의미한다.
② 서비스 패키지는 지원 설비, 명시적 서비스, 묵시적 서비스, 정보, 보조용품 등으로 구성된다.
③ 부대서비스를 이용하기 위해서 촉진서비스가 필요한 경우에는 핵심서비스가 부대서비스의 이용을 촉진시킬 수 있다.
④ 서비스 경영자들은 다양한 고객의 니즈를 충족시키기 위해 가능한 모든 요소를 서비스 패키지에 포함시키는 것이 중요하다.
⑤ 서비스의 이질적 특성으로 인해 서비스 경영자가 서비스가 무엇인지 명확하게 설명하기 어렵기 때문에 서비스 패키지를 개발하게 되었다.

[25-29] 다음 문항을 읽고 옳고(O), 그름(X)을 선택하시오.

25 경제의 서비스화와 관련해서 후크스(1968)는 GNP의 절반 이상이 서비스 부문에서 창출되는 경제를 '서비스 경제'라고 정의하였다.

(① ○ ② ×)

26 EOQ 모형에서 Q값이 증가할 때 유지비용은 늘어나고, 주문비용은 줄어든다. 즉, 유지비용과 주문비용은 반비례관계에 있다.

(① ○ ② ×)

27 서비스 수요는 발생하는 순간 만족시키지 못하면 수요 자체가 사라지는 경우가 많다.

(① ○ ② ×)

28 어느 기업에 500명의 종업원이 있다면, 그 기업 내 직위(position)의 수는 500개이다.

(① ○ ② ×)

29 고객가치 창조를 위한 혁신은 크게 두 가지로 나누어 볼 수 있다. 하나는 가치 혁신(Value Innovation)이고 다른 하나는 절차 혁신(Process Innovation)이다.

(① ○ ② ×)

[30-34] 다음 설명이 의미하는 적합한 단어를 각각 선택하시오.

① 예방 비용	② 상호작용적	③ 전문서비스
④ 신협력적	⑤ 품질 개선	

30 노사관계의 유형 중 노, 사, 정이 국가적 차원에서 노사문제를 해결하고, 국민경제의 입장에서 노사관계를 인식하여, 국가 주요 정책에 대해 거시적이고 상호 이해적인 노조 태도를 취하는 노사 관계 유형

( )

31 서비스 품질에 대한 비용 중 내, 외부 실패 비용 및 평가 비용 외에 실패, 평가 비용을 최소화하기 위한 사전적인 품질 정책 수립, 교육 등 활동과 관련된 비용

( )

32 품질 계획, 품질 통제와 함께 서비스 품질의 삼박자(trilogy) 중 하나로, 고객에게 보다 나은 서비스를 제공하기 위한 노력에 해당하는 일련의 활동

( )

33 슈메너의 서비스 프로세스 매트릭스 중 노동집약도와 상호작용과 고객화의 정도가 모두 높은 특성을 지닌 서비스 영역

( )

34 필립 코틀러는 내·외부적 그리고 서로 상호 간에 괴리가 없는 가치의 선순환을 통해 높은 브랜드 가치를 창출할 수 있다고 주장한다. 여기서 서비스란 직원과 고객과의 ( )마케팅을 의미하며, 이를 통해 고객 만족과 서비스 품질을 향상시킬 수 있다.

( )

35 **다음의 커피 전문점 S사의 서비스 프로세스에 관한 내용 중 가장 옳지 않은 것은?**

> 커피 전문점의 대표적인 S사는 일정한 가격으로 한정된 종류의 커피 등을 판매한다. 구매를 원하는 고객은 카운터에서 정해진 메뉴 내에서 직접 주문, 계산한 후 주문한 음료가 나오면 이를 받아 자신이 원하는 자리에서 음료를 마시거나 테이크아웃 하여 나간다. 이러한 서비스 프로세스를 적용하기 위하여 종업원을 위한 매뉴얼 형태의 업무 수행 방법이 존재한다.

① 사례에서 S사의 서비스 프로세스는 매우 표준화된 프로세스를 제공하고 있다.
② 사례와 같은 서비스 프로세스를 주로 적용하는 경우는 검증된 효율적인 방법이 존재할 가능성이 높다.
③ 사례의 S사와 같은 경우 이질적인 태도와 능력을 지닌 종업원들의 업무 수행을 균질화하기 위한 노력이 필요하다.
④ 고객의 요구가 다양하고 이질적인 경우에는 상당히 정형화된 사례와 같은 프로세스만을 제공할 경우 바람직하지 못한 성과로 나타날 수 있다.
⑤ S사와 같이 모든 고객에게 동일한 서비스 프로세스가 제공하는 경우, 서비스 제공자에게 많은 판단력이 요구되므로 종업원의 능력 수준이 높아야 한다.

36 **다음은 관광지에 있는 호텔의 예약과 관련된 정책 중 일부이다. 이에 관한 내용 중 가장 옳지 않은 것은?**

> P 호텔은 사전 객실 예약 접수를 받을 때, 실제 호텔에서 판매 가능한 객실 수가 250실임에도 그 이상인 260실까지 예약을 받고 있다. 이는 그동안의 호텔 운영 경험상, 갑작스러운 예약 취소, No-Show 발생 등을 감안하여 예약을 가능 최대 객실 수를 결정하였기 때문이다.

① 호텔 객실 제공 서비스는 재고 저장이 불가능한 상품에 해당한다.
② 이러한 호텔의 정책은 수입 손실을 최소화하기 위한 노력으로 도입되었다.
③ 호텔에 예약한 고객이 초과 예약으로 인해 서비스 제공을 받지 못하여 발생하는 비용을 재고과잉 비용이라 한다.
④ 예약한 고객이 예약 당일에 나타나지 않는 경우, 해당일에 그 호텔 객실은 가치를 잃게 되므로 이를 해결하기 위해 도입되었다.
⑤ 이러한 호텔의 정책은 실제 예약을 한 고객이 객실에 투숙할 수가 없는 상황이 발생하여 고객에게 나쁜 이미지를 심어줄 수가 있다.

37 **다음 사례에서 A 회사가 신규 서비스 수요 예측을 위하여 적용한 기법은 어느 것인가?**

> A 회사는 신규로 고객들에게 제공할 IT서비스와 관련하여 수요를 예측하기 위해 다음과 같은 방법을 사용하였다. 먼저, 해당 IT서비스와 관련된 교수, 마케팅 전문가 등 위원들을 선정하여 그들에게 설문조사를 통하여 의견을 제시하도록 하였다. 이후, 각자의 설문지에 나타난 개인 응답 내용을 전체적으로 수집, 요약하여 통계적으로 분석 후 이를 다시 기존 위원들에게 반송한다. 위원들은 자신의 의견과 평균치를 비교하여 수정하거나 자신의 의견을 고수한 채로 설문지를 다시 제출하였다. 이러한 절차를 몇 번 반복하여 어느 정도의 일치된 의견으로 수렴한 결과를 사용하였다.

① 지수평활법
② 이동평균법
③ 시장조사법
④ 델파이 기법
⑤ 지명집단 기법

38 **다음은 S 회사에서 채용을 위하여 적용한 면접의 유형은 어느 것에 해당하는가?**

> S 회사는 미국에서 젊은 나이에 실력을 인정받아 은행 지점장에 올랐던 P 씨가 국내에서 활동하기 위해 국내 증권사인 S사에서 인터뷰를 보았다. 면접관은 P 씨에게 "미국에선 잘했을지 모르지만 한국시장이 호락호락할 것 같으냐" / "왜 외국계 은행도 많은데 국내 증권사인 S사에 입사하려 하느냐" / "한국에 쉬려고 온 것은? 아니냐" 등등 상기와 같은 매우 곤혹스럽고 자존심을 건드리는 질문만 한 후 나중에 연락하겠다며 면접을 끝냈다.

① 패널 면접
② 심층 면접
③ 구조적 면접
④ 스트레스 면접
⑤ 비지시적 면접

39 다음은 전략적 상황 분석에 의한 SWOT 전략 수립 방법 중 사례와 잘 연결된 전략은?

A. 미국 최대 서적 체인점인 A사는 최근 디지털 컨텐츠 시장의 급신장으로 온라인 시장에 진출하려 한다. 그러나 온라인 시장에서의 낮은 인지도와 고객 DB의 열세로, 경쟁사인 D사가 독점하는 온라인 시장을 잠식하기에는 역부족이다.
B. B 전자는 휴대폰 시장의 선도기업이다. 최근 시장 수요가 감소되고 후발 주자의 거센 추격으로 위협을 받고 있다. 특히 중국업체 중 W사, L사의 저가 가격공세가 거세다. 그럼에도 불구하고 B 전자는 2020년 비전달성을 위해 내년 매출목표 10% 성장을 목표로 하고 있다.
C. C 오일은 국내 4대 정유회사 중 하나로, 지속되는 수요부진과 원유가격의 영향으로 매출 및 수익이 감소하고 있다. 최근 최대 주주인 E의 적극적인 투자지원에 힘입어 저부가가치 제품 생산구조에서 고부가가치 제품 생산구조로 전환하고 ODC 투자를 확대할 예정이다.

	가	나	다
①	시장침투 전략	시장기회선점 전략	제품다각화 전략
②	시장기회선점 전략	시장침투 전략	전략적제휴 전략
③	제품다각화 전략	시장침투 전략	시장기회선점 전략
④	전략적제휴 전략	시장침투 전략	제품다각화 전략
⑤	전략적제휴 전략	시장기회선점 전략	제품다각화 전략

40 다음은 웨딩홀 예약에 대한 대화이다. 대화에 관한 내용 중 옳지 않은 것은?

A : 이번에 제가 결혼 예정이라 웨딩홀 예약을 알아보면서 웨딩홀의 비용이 사람들이 많이 결혼을 하는 성수기와 비수기에 해당하는 달에 따라 가격 차이가 많이 나는 걸 알게 되었어요.
B : 그러게요! 5월의 신부가 되고 싶었는데, 성수기인 5월의 경우는 웨딩홀 예약이 거의 6개월 전에 마감되어 있더라고요. 예약이 가능한 다른 웨딩홀을 겨우 한군데 찾았는데, 고시된 가격에서 전혀 할인이 되지 않는다고 하더라고요.
C : 저는 그래서 봄 대신 원하는 시간대에 골라할 수 있고, 정상가격보다 30% 할인해주는 7월 여름에 결혼하기로 하고 웨딩홀을 예약했어요.
D : 요즘 금요일 저녁에 결혼식을 하면, 웨딩홀 측에서 사용료와 식대를 할인해주고 여러 가지 서비스 품목을 많이 주니 이것도 한번 고려해 볼 만할 것 같아요.

① A의 말에 따르면 웨딩홀은 서비스 수요–공급의 불일치 조정 기법을 사용하고 있음을 알 수 있다.
② B가 말한 웨딩홀의 정책은 성수기 수요 감소 전략에 해당할 수 있다.
③ C가 말한 웨딩홀의 정책은 비수기 공급 조정 전략에 해당할 수 있다.
④ D가 말한 평일 저녁 결혼식에 대한 웨딩홀의 할인 정책은 수요 측 조정 기법이다.
⑤ 웨딩홀은 성수기에 해당하는 달에는 더욱 사전 예약 제도를 활용하며 고객 우선순위를 관리할 가능성이 높다.

41 다음은 의사협회 모임에서 의사들 사이의 대화이다. 대화에 관한 내용 중 옳지 않은 것은?

A : 요즘은 병원도 경영 관리가 중요한 거 같아요. 그래서인지, 일시적으로 환자가 증가하더라도 의사를 추가로 뽑는 경우보다는, 파트타임 의사를 고용하는 경우가 더 많은 것 같아요.
B : 저희 안과 병원은 100% 예약시스템으로 운영하고 있어요. 사전에 예약을 하지 않은 환자는 검사나 기본적인 진료를 바로 받아 볼 수가 없어요.
C : 저희 병원은 기존에 1층에 있던 대기실을 변경하여, 대기실 겸 커피숍으로 함께 운영함으로써 시설 낭비를 최소화하고 있어요.
D : 저희 병원은 시력 교정 수술 환자 추가 유치를 위해서 친구, 가족 등의 환자가 함께 수술을 받을 경우 수술 비용을 할인해주는 이벤트를 실시하고 있어요.
E : 병원마다 다양한 경영 관리를 하고 있네요. 저희 병원은 직장인 환자들이 늘고 있는 추세에 따라 일주일에 2번 저녁 9시까지 추가 야간 진료를 하고 있어요.

① A의 파트타임 의사의 고용은 일시적인 공급 증대 전략에 해당한다.
② B의 100% 예약시스템은 환자 수요를 분산시키기 위한 수요 조정 전략의 성격이 있다.
③ C의 병원의 경우, 서비스 시설의 변경을 통한 비수기 공급 조정 전략의 성격이 있다.
④ D의 병원의 함께 수술을 받을 경우 수술 비용을 할인해주는 이벤트는 수요 증대 전략의 성격이 있다.
⑤ E의 병원의 추가 야간 진료는 수요 감소 전략의 성격이 있다.

42 다음은 유럽 OO 항공사의 경쟁 우위 확보를 위한 서비스 마케팅 전략들을 설명하는 사례이다. 가장 관련이 적은 전략은?

> ○○ 항공사는 항공시장에서 경쟁이 심화하면서 한때 큰 위기를 맞았었다. 그 이후 ○○ 항공사는 당일 출장이 가능하도록 이른 새벽과 늦은 항공편을 증편하고, 대형 항공사가 취항하지 않는 노선에 신규 취항하였고, 대형 항공사와의 경쟁 노선에서는 낮은 가격의 상품을 출시하는가 하면, ×××사를 인수하여 렌터카, 크루즈 여행, 영화관 등을 항공 상품과 연계하는 전략을 구사하면서 제2의 전성기를 구가하고 있다.

① 차별화 전략
② 원가우위 전략
③ 틈새시장 전략
④ 다각화 전략
⑤ 집중화 전략

43 다음은 서비스의 기본적 특징 중 어떤 특성을 가장 많이 염두에 둔 대화인가?

> H호텔 관리자 : 예약이 전혀 없는 다음 한 주의 손실을 최소화 할 수 있는 좋은 방안이 있으면 제안해 주시기 바랍니다.
> H호텔 지배인 : 빈 방으로 한 주를 그냥 보낼 바에는 차라리 유지 보수에 필요한 비용이 상쇄되는 선에서 저렴하게 단체 투숙객을 받는 건 어떻겠습니까?

① 무형성
② 소멸성
③ 일회성
④ 이질성
⑤ 비분리성

44 **다음의 상황에 처한 서비스 종사자에게 가장 필요한 두 가지는?**

K 요리점은 '고객이 원하는 최선을 제공하라'는 오랜 문화를 간직하고 있다. 연인 사이인 이용감군과 나미인양은 유명한 면 요리점 K를 찾았다. 가능하면 다양한 종류의 면 요리를 먹어보고 싶은 두 사람은 4가지 종류(4인분)의 면 요리를 각각 1인분의 절반씩만 내어 주고, 나머지는 포장해 줄 것을 요구하였다. 종업원 B는 그와 같은 형태의 주문에 응할 수 없다고 주문 접수를 거절하였다. 다소 시간이 소요되지만, 주문과 같이 음식을 내어주는데 기술적으로 전혀 문제가 없음을 조리원 C는 알고 있었으나, 접수를 받는 종업원은 B이기에 별다른 이의를 제기하지 않았다.

① 규정 준수, 표준화된 서비스
② 서비스의 균질화, 예외적 서비스 지양
③ 일사 분란한 관리체계, 조리 업무의 효율성
④ 임파워먼트(Empowerment), 종사원 사기 관리
⑤ 고객지향적 기업 문화의 체득, 고객 입장에서 생각하기

[45-46] 다음을 읽고 물음에 답하시오.

A호텔의 지배인은 최근 가나다 여행사로부터 사업 제의를 받았다. 현재 가나다 여행사는 중남미 여행객들에게 상품을 판매하였는데, 뜻밖에 많은 고객이 몰려 계획했던 숙박업소를 포기하고 새로운 호텔을 모색하고 있는데 숙박서비스를 제공해줄 수 있는지 묻는 제의였다.
A호텔은 여행기간 동안 숙박을 제공할 수 있는 여실은 있는 상황이지만 가나다 여행사는 숙박비를 일반 판매요금보다 더 낮은 가격에 제공해 주기를 원하고 있다. A호텔에서는 정상가 고객에게는 18만원의 숙박료를 받을 수 있는데, 가나다 여행사는 12만원으로 숙박료를 낮추어 달라고 요청하였다.
현재 A호텔이 속한 지역은 성수기도 비수기도 아닌 상황이고, 주변에 다른 호텔들이 많은 경쟁 지역이어서 고객이 투숙할 확률은 50% 정도이다. 가나다 여행객들을 받으면 만실로 모든 객실을 활용할 수 있다.

45 다음 제시되는 예를 보고, A호텔 지배인이 해야 하는 의사결정 중 가장 적합하지 않은 것은?

① A호텔 지배인은 객실로 인해 발생하는 기회비용과 부족비용을 감안하여 결정하는 것이 옳다.
② A호텔 지배인은 향후 가나다 여행사와의 협업가능성을 두고 객실의 판매여부를 결정해야 한다.
③ A호텔 지배인은 소멸성, 동시성, 변동성, 무형성 등의 서비스의 특성을 감안하여 판단해야 한다.
④ A호텔 지배인은 공실에 대한 기회비용은 항상 서비스 부족비용보다 크다는 것을 감안하여 판단하여야 한다.
⑤ A호텔 지배인은 성수기/비수기가 아닌 기간의 평균 이용 고객수를 감안하여 기대이익을 고려하여 판단해야 한다.

46 A호텔 지배인이 알아야 하는 정보 중 하나는 객실을 활용하여 얻을 수 있는 이익률에 대한 상황이다. 다음 설명 중 적합하지 않은 것은?

① 성수기에는 상대적으로 정상가 단기고객의 비율이 낮고, 비수기에는 장기고객의 비율이 낮아진다.
② 이러한 의사결정은 과거 능력이용률과 시장 정보를 활용하여 고객관계와 수익 기회를 동시에 감안해야 한다.
③ 이익률을 관리하는 기본 방법은 가능한 높은 가격으로 판매하는 동시에 능력이용률을 높이고자 하는 것이다.
④ 비싸게 판매하더라도 탑승권을 급히 구하려는 고객을 위해 몇 장 남기는 항공사 상황과 유사하다고 볼 수 있다.
⑤ 예약시스템이 잘 되어 있는 산업에서는 가격에 민감한 고객들이 예약을 통해 가격 절감 효과와 안정성을 확보하려 한다.

[47-48] 다음의 사례를 읽고 물음에 답하시오.

F사는 그동안 서비스직을 채용할 때 외부 모집에 의존하였다. 하지만 외부 모집에 의해 입사한 사람들이 조직에 적응하지 못하는 경우가 많았다. 실제로 최근 3년간 외부 모집에 의한 신입사원의 1년 내 이직률이 18.2%에 달하였다. F사는 인사혁신 TF팀을 구성하여 외부 모집의 문제점을 파악하고 모집 방식을 개선하는 방안을 마련하였다. 인사혁신 TF팀은 외부 모집의 문제점과 함께 내부 모집의 장점을 담은 보고서를 작성하여 경영진에게 제출하였다.

47 인사혁신 TF팀의 보고서에 포함할 수 있는 외부 모집의 문제점으로 적절한 것은?

① 모집의 원천이 다양하지 않다.
② 고용평등법을 충족시키지 못할 위험이 있다.
③ 새로운 아이디어와 견해가 유입되지 않는다.
④ 조직 내부 정치로 인해서 비효율적이 될 수 있다.
⑤ 선발 점수와 입사 후 성과 간의 불일치 가능성이 높다.

48 인사혁신 TF팀이 대안으로 생각하고 있는 내부 모집의 장점으로 옳지 <u>않은</u> 것은?

① 장기근속 유인을 제공한다.
② 충원 비용을 절감할 수 있다.
③ 훈련과 조직화 시간이 단축된다.
④ 성장기 기업에게 적합한 대안이다.
⑤ 능력이 충분히 검증된 사람을 채용할 수 있다.

[49-50] 다음을 읽고 물음에 답하시오.

산업 전반에서 서비스의 비중이 커지고 중요성이 강조되면서, 전통적인 제조 중심의 기업들도 제품과 서비스를 묶어서 하나의 패키지로 제공하는 전략을 시도하고 있다. 애플은 아이팟 제품과 아이튠스 서비스의 융합을 통해 시장에서 성공을 거뒀고, 롤스로이스는 비행기 엔진뿐 아니라 정비 서비스를 제품에 연계해 엔진의 '사용'을 제공했다.
2000년대 들어서서 국내에서는 정수기 렌탈 서비스가 크게 유행하고 있는데, 이는 제품이 아니라 그 제품이 제공하는 기능에 주목하는 서비스 전략의 승리라 하겠다.
인간의 삶을 풍요롭고 의미 있게 하기 위해 제공되는 인공물인 제품과 서비스의 경계도 흐려지고 있다. 전자책 시장에서는 제조 기업으로 알려진 소니와 아마존닷컴이 함께 경쟁하고 있다.

49 위의 지문에서 언급된 애플과 롤스로이스의 경우가 해당하는 제품–서비스 통합전략은?

① 서비스 중심 PSS
② 결과 중심의 PSS
③ 과정 중심의 PSS
④ 제품 중심의 PSS
⑤ 서비스의 제품화

50 위 지문에서 정수기 렌탈과 같은 '사용 중심의 PSS'의 예로서 적절하지 <u>않은</u> 것은?

① 공기청정기 렌탈 서비스
② 자동차를 사게 하는 대신 이동성을 제공
③ 세탁기를 구매하는 대신 세탁 기능을 구매
④ 전산 장비의 판매와 유지 보수를 묶어서 상품화
⑤ 전시장 운영사와 조명회사 간 일정 조도 유지 조건의 (전시장) 조명 계약

부록 동형 기출 모의고사

SMAT

정답 및 해설

동형 기출 모의고사

정답 및 해설

PART 1 일반형

01 ①	02 ⑤	03 ②	04 ⑤	05 ⑤
06 ①	07 ⑤	08 ③	09 ④	10 ⑤
11 ②	12 ③	13 ①	14 ⑤	15 ③
16 ③	17 ③	18 ①	19 ④	20 ①
21 ④	22 ⑤	23 ⑤	24 ②	

PART 2 OX형

25 ①	26 ①	27 ①	28 ①	29 ②

PART 3 연결형

30 ④	31 ①	32 ⑤	33 ③	34 ②

PART 4 사례형

35 ⑤	36 ③	37 ④	38 ④	39 ④
40 ③	41 ⑤	42 ⑤	43 ②	44 ⑤

PART 5 통합형

45 ④	46 ①	47 ⑤	48 ④	49 ④
50 ④				

01 ①

서비스 패러독스가 발생하게 된 원인으로는 서비스 표준화, 기술 기반의 비인간적 서비스 증가, 숙련되지 않은 일선 근무자의 서비스 제공, 셀프서비스 증가, 일부 기업의 좋은 서비스로 인한 고객의 기대 증가, 약속한 양질의 서비스 미제공 등이 있다.

02 ⑤

서비스는 틀에 맞추어 구사하는 정형화에서 벗어나야 진정한 모습을 보이게 된다. 때와 장소에 따라 수많은 변형된 서비스가 필요한 이유이다.

03 ②

① 최소한의 보증은 무보증보다 효율적이다.
③ 서비스 설계 단계에 고객과 종업원 등 모든 이해관계자를 포함시킨다.
④ 복잡하고 법률적 언어는 피하는 것이 바람직하다.
⑤ 고객이 보증을 요구할 경우 즉각적으로 대응한다.

04 ⑤

① 서비스 품질은 격차가 적을수록 우수하다고 할 수 있다.
② 이 모델은 서비스 경험과 기대 사이에 발생 가능한 5가지 격차를 밝히는 것이다.
③ 품질명세 격차는 고객 기대를 정확하게 품질명세화할 수 있는 계획 과정의 확립이 전제되어야 해결할 수 있다.
④ 품질명세 격차는 서비스 품질명세가 경영자가 인지하는 고객 기대와 불일치할 때 발생한다.

05 ⑤

서비스 프로세스의 개선은 서비스 제공자의 입장이 아닌 고객의 입장에서 개선되어야 한다.

06 ①

서비스는 시간 단위에 따른 변화가 크게 발생하기 때문에 가급적 시간 경과의 세분화된 단위에 따라 수요를 예측하고 관리하는 것이 좋다.

07 ⑤

대기행렬 이론에서는 서비스 시스템이 한 고객을 처

리하는 데 걸리는 서비스 시간은 지수 분포를 따른다고 가정한다.

08 ③

각 개인의 노동력은 동질적인 것이 아니며, 각 인적 자원은 그들이 담당할 수 있는 직무가 다르고 직무 수행 능력이 각기 다르다.

09 ④

① 서열법의 장점이다.
② 기업들이 가장 많이 이용하는 직무 평가 방법은 점수법이다.
③ 평가 요소를 기준 직무의 평가 요소와 결부시켜 비교하는 방법은 요소비교법이다.
⑤ 직무 요소마다 점수화, 통계화하여 직무 가치를 평가하는 방법은 점수법이다.

10 ⑤

① 고객가치, ② 고객의 요구 사항 파악, ③ 고객관계 관리, ④ 서비스 수익 체인(service profit chain)

11 ②

외부환경 평가와 기업의 강・약점 파악을 바탕으로 기업 전략을 수립한 후 경쟁 우선순위를 설정한다.

12 ③

기능 전략을 적절히 설명하였다.
① 사업 수준의 전략에 해당한다.
② 기능 전략에 대한 설명이다.
④ 기업 전략에 대한 설명이다.
⑤ 사업 전략에 대한 설명이다.

13 ①

탁월한 서비스는 전사적으로 기획되어 설계된 서비스를 접점에서 전달하는 것으로 접점만 포커스를 두지 않는다.

14 ⑤

①, ②, ③, ④는 지속적인 경쟁 우위의 확보를 위해 바람직한 전략적 선택으로 받아들여지나, ⑤ 경쟁적 우위를 위해 '저가격 제품 또는 서비스'를 지속적으로 제공하는 데는 여러 가지 불이익과 한계가 있다.

15 ③

패널 면접 – 다수의 면접자가 1명의 피면접자를 면접하는 방법이다. 면접 후 피면접자에 대한 의견 교환과 광범위한 평가가 가능하다.

16 ③

직무 평가는 조직 내에서의 상대적인 중요도를 평가하므로 동종의 직무라 해도 어느 조직에 속하였는가에 따라 직무 평가 결과가 다를 수 있다.

17 ③

서비스 인력을 채용하고 해고하는데 많은 비용이 드는 것은 수요추구형 전략의 단점이다.

18 ①

고정 주문 간격 모형에서 주기적 주문량은 매번 달라진다.

19 ④

순환 주기 효과의 경우 어느 정도의 기간 동안 발현되는지도 지정되지 않는 경우가 많다.

20 ①

시장조사 방법의 개선은 시장조사 갭의 해결 방안에 해당한다.

21 ④

시간이 지날수록 기술은 복잡해지고 고객은 이러한 기술의 진보를 따라잡지 못하고 있는 실정이다.

22 ⑤

인터넷몰보다는 오프라인 마트가 직원의 고객 응대가 더 중요하다.

23 ⑤

서비스는 잘못 판매하면 돌려주거나 돌려받을 수 없는 어려운 존재이다. 물론 불완전 판매가 이루어졌을 경우 수정이 이루어질 수 있으나 깊은 상처를 남기게 됨을 알아야 한다.

24 ②

서비스 패키지는 지원 설비, 명시적 서비스, 묵시적 서비스, 정보, 보조용품 등으로 구성된다.

① 서비스 패키지는 특정 환경에서 재화와 정보를 함께 결합하여 제공되는 상품의 묶음을 의미한다.

③ 핵심서비스를 이용하기 위해서 부대서비스가 필요한 경우에는 촉진서비스가 핵심서비스의 이용을 촉진시킬 수 있다.

④ 서비스 경영자들은 고객들이 갈망하는 서비스 패키지와 일치하는 종합적 경험을 제공하는 것이 중요하다.

⑤ 서비스의 무형적 특성으로 인해 서비스 경영자가 서비스가 무엇인지 명확하게 설명하기 어렵기 때문에 서비스 패키지를 개발하게 되었다.

25 ① ○

전체 고용 인구에서 서비스 부분이 차지하는 비중이 50%를 넘게 되면 '서비스 경제'로 진입했다고 볼 수 있다.

26 ① ○

유지비용과 주문비용이 상충관계에 있으므로 이 둘의 합계인 총비용은 하향볼록형 곡선이 되어 총비용을 최소로 하는 주문량인 경제적 주문량이 존재한다.

27 ① ○

서비스 수요는 재고로 관리되지 못하므로 수요가 발생하는 즉시 만족시키지 못하면 수요가 다른 제공자로 이동하거나 요구를 소멸시켜버리기 때문에 사라지는 경우가 많다.

28 ① ○

직위(position)란 한 사람이 수행하는 일의 단위를 말하므로, 한 기업의 직위 수는 곧 그 기업의 인원수를 의미한다.

29 ② ×

고객가치 창조를 위한 혁신은 가치 혁신(Value Innovation)과 비용 혁신(Cost Innovation)이다.

30 ④ 신협력적

• 유사 답안 → 신협력적 노사관계

신협력적 노사관계의 특징은 노, 사, 정이 국가적 차원에서 노사문제를 해결, 국민경제적 입장에서 노사관계 인식, 노사정 3자 협력주의 등의 특징이 있다. 주체는 사용자, 노조, 정부가 되며 쟁점은 국가 주요 정책이다. 노조의 태도는 협력적이고 거시적이며 조정메커니즘은 노사정 협조, 사회적 합의이다.

31 ① 예방비용

32 ⑤ 품질개선

33 ③ 전문서비스

34 ② 상호작용적

• 유사 답안 → 상호보완적, 상호대체적, 상호융합적, 상호균형적

서비스는 일방적으로 제공하는 것으로만 가르쳐 왔고 또 그렇게 받아들여져 왔다. 그러나 분명한 점은

서비스는 절대 일방적인 방향으로 움직여서는 안 된다는 사실이다. 상호 쌍방향으로 진행될 때 가장 커다란 효과를 만들어 낼 수 있다.

35 ⑤

많은 판단력과 유연성이 요구되어 서비스 제공자의 능력 수준이 높아야 하는 것은 고객화된 서비스 프로세스의 경우이다.

36 ③

호텔에 예약한 고객이 초과 예약으로 인해 서비스 제공을 받지 못하여 발생하는 비용을 재고부족비용이라 한다.

37 ④

A회사가 수요 예측을 위하여 적용한 기법은 관련 교수, 마케팅 전문가 등을 선정하여 설문조사를 진행한 것으로 델파이 기법에 해당한다.

38 ④

사례의 면접 방법은 공격적이고 피면접자를 무시하여 좌절하게 만들어 감정의 안정성과 좌절에 대한 인내성을 관찰하는 등의 평가 방법으로, 스트레스 면접에 해당한다.

39 ④

가. 전략적제휴 전략(OW 또는 WO 전략)
나. 시장침투 전략(TS 또는 ST 전략)
다. 제품다각화 전략(OS 또는 SO 전략)

40 ③

C가 말한 웨딩홀의 정책은 비수기 수요 진작 전략에 해당한다.

41 ⑤

E병원의 추가 야간 진료는 의사들의 추가적인 노동시간이라는 측면에서는 공급 증대 전략의 성격에 해당한다.

42 ⑤

사례의 항공사의 경쟁우위 확보를 위한 전략 중 '집중화 전략'은 관련성이 없다.

43 ②

서비스의 소멸성은 서비스 상품이 저장되거나, 재판매하거나, 돌려받을 수 없는 속성을 말한다. 호텔 객실도 시간이 지나면 소멸되는 특성 때문에 시간이 경과하면 호텔이 줄 수 있는 서비스 편익도 사라진다.

44 ⑤

'고객이 원하는 가장 최선을 제공하라'는 기업의 문화를 잘 체득한 종업원이라면 두 사람의 주문을 기쁜 마음으로 수용하여야 마땅하다.

45 ④

현재 서비스에 대한 기회비용과 부족비용을 계산하기에는 자료가 부족하여 이를 감안하여 판단하는 것이 올바른지에 대해서 결정할 수 없지만 일반적으로 주위에 경쟁 호텔이 많은 경우에는 서비스 부족비용이 서비스 기회비용보다 크게 발생하는 경우가 많다고 볼 수 있다.

46 ①

성수기에는 상대적으로 정상가 단기고객의 비율이 장기고객의 비율보다 높아진다.

47 ⑤

내부 모집의 경우에는 기존 인력의 성과를 감안하여 선발하기 때문에 선발 점수와 실제 직무성과 간의 차이는 적겠지만, 외부 모집의 경우 선발 점수와 실제 직무성과 간의 차이가 발생할 수 있다.

48 ④

성장기 기업의 경우, 내부 직원을 활용할 수 있는 여력이 부족하다. 성장기 기업들은 외부 모집을 활용하는 것이 일반적이다.

49 ④

제품 중심의 PSS는 제품을 판매하거나 사용하는 것을 촉진시키기 위해 서비스가 부가적으로 추가되어 제공되는 형태를 말한다.

50 ④

①, ②, ③, ⑤는 사용자 중심의 PSS에 대한 설명과 예이고, ④는 전산 장비 판매를 촉진하기 위하여 서비스를 부가적으로 제공하는 형태의 '제품 중심의 PSS'에 대한 설명이다.

MEMO

MEMO